I0154975

Beate Helm

Psychologische Astrologie

Ausbildung Band 12

Skorpion - Pluto

Forschergeist – Intensität – Macht – Schattenarbeit – Stirb und werde - Wandlung

Satya-Verlag

Titelbild: Christos Georghion (fotolia.com)
Horoskopzeichnungen   erstellt   mit   dem   Programm
Astrocontact Astroplus (www.astrocontact.at)

Haftungsausschluss

Die Benutzung dieses Buches und die Umsetzung der darin enthaltenen Informationen erfolgt ausdrücklich auf eigenes Risiko. Der
Verlag und die Autorin können für Schäden jeder Art, die sich bei
der Anwendung der in diesem Buch aufgeführten Informationen,
Empfehlungen und Übungen ergeben, aus keinem Rechtsgrund
eine Haftung übernehmen. Haftungsansprüche, Rechts- und Scha-
denersatzansprüche sind daher ausgeschlossen. Für die Inhalte von
den in diesem Buch abgedruckten Internetseiten sind ausschließ-
lich deren Betreiber verantwortlich. Verlag und Autorin distanzie-
ren sich daher von allen fremden Inhalten. Zum Zeitpunkt der
Verwendung waren keinerlei illegalen Inhalte auf den Webseiten
vorhanden.

ISBN: 3-944013-39-5
ISBN-13: 978-3-944013-39-8

WICHTIGE HINWEISE

Die in dieser Buchreihe aufgeführten Methoden, Therapien und Übungen dienen der Persönlichkeitsentwicklung und Selbstheilung. Sie unterstützen darin, Bewusstheit in sein Leben zu bringen und eigenständig seine inneren Potenziale umzusetzen.

Mit der Heilung oder Linderung körperlicher Beschwerden und psychischer Erkrankungen können diese Methoden und Übungen nicht in Zusammenhang gebracht werden. Wenn in dem vorliegenden Buch in der Medizin gebräuchliche Begriffe wie Heilung, Therapie oder Diagnose verwendet werden, so ist dies nicht im Sinne der Schulmedizin und des Heilpraktikergesetzes, sondern im auf den seelisch-geistigen Bereich übertragenen Sinn zu verstehen.

INHALTSVERZEICHNIS

DANK

Mein Dank gilt in der Astrologie sehr vielen Autoren, die mich in den letzten 30 Jahren inspiriert haben. Eingestiegen bin ich mit Wolfgang Döbereiner. Am meisten beeinflusst hat mich immer wieder Peter Orban. Besonders danke ich meinen Eltern Karl und Irene und meinen Geschwistern Uwe und Claudia, die auf meinem sehr unkonventionellen Lebensweg immer fest an meiner Seite standen.

1. ZUORDNUNGEN UND VERWIRKLICHUNGSFELDER

Grundeigenschaften

- Forschergeist
- Intensität, Leidenschaft, Totalität
- Reintegration des Verdrängten
- Wandlungsprozesse
- Macht und Wirkkraft

Aktive Form

- Forscherdrang
- Extremismus
- Verbissenheit
- Besessenheit
- Vorstellungsfixierungen
- Dominanz
- Subtile Manipulation
- Tiefgang in die innere Finsternis
- Wiederverbindung mit den verdrängten Kräften des Unbewussten
- Tabus als selbst gesetzt erkennen und selbst wieder brechen
- Tief verdrängte Inhalte, die man sich übergangsweise gerne z. B. über feste Beziehungen wieder ins Leben hereinholt
- Kriminalität
- Gewalt, Brutalität, Sadismus
- Atomkraft
- (Kollektive) Selbstzerstörung

1

- Vampirismus
- Magie
- Kontrolle / Mut, die Kontrolle zu verlieren
- Loslassen
- Wertfreiheit
- Heilung durch inneres Zusammenwachsen von Gut und dem sogenannten Bösen
- Durch Reintegration Angst verlieren (in Wahrheit vor sich, oft in Projektion gelebt: der Gewalttäter, Spinnen, Schlangen) und Herr über sich selbst werden
- Macht über sich zurückgewinnen
- Tiefe Wandlung durch Wiedereinbindung von abgespaltenen Inhalten
- Kompromisslosigkeit
- Intensität statt Sicherheit
- Der Teufel in Dir
- Abschied nehmen, Abschiedsschmerz
- Konfrontation mit dem Tod auf allen Ebenen
- Stirb und werde-Prozesse / Phönix aus der Asche
- Feste Bindungen herstellen
- Vollkommene Loyalität gegenüber einer Person oder Sache, der man sich verschreibt, ohne weiterhin auf seine Eigeninteressen zu achten
- Einen Schwur leisten, der mehr wiegt als das eigene Leben, als das momentane Gefühl und Wollen
- Transformation durch Verbindung mit dem, was auf eine andere Ebene gebracht werden soll, und/oder entsprechende Übungen.
- Der innere Alchimist

Passive Form

- Opfer von Gewalt und Kriminalität werden
- Zwängen ausgeliefert sein
- Dominiert und manipuliert werden
- Ohnmacht
- Sich den Vorstellungen anderer unterordnen zu müssen
- Kontrolliert zu werden
- Unter dem Bann einer fremden (schwarz-) magischen Kraft stehen
- Schocks und Traumata, letztendlich um tiefe Wandlungen erfahren zu können
- Verdrängte Inhalte durch die Außenwelt ersetzt und ergänzt bekommen
- Statt freiwilligen Wandlungen und Krisen (Wendepunkte) sowie die Bereitschaft zu dem damit verbundenen Abschiedsschmerz, Heraufbeschwören von unfreiwilliger, von außen gestalteter Zerstörung überholter Lebensstrukturen, die nur noch aus Sicherheitsgründen festgehalten werden.
- Gequält, gemartert werden (auf allen Ebenen).

Entsprechungen in der körperlichen Erscheinung

- Erotisch
- Geheimnisvoll, intensiv
- Tiefer, stechender Blick, beängstigend
- Kontrolliert
- Dämonisch, in die Tiefe lockend
- Machtvoll.

Körperliche Zuordnungen

- Geschlechtsorgane und –hormone
- Dickdarm im Sinne von allem, was in einem gärt und selbstvergiftend verdrängt wird (Dickdarm funktional ist Jungfrau)
- Enddarm
- Blase.

Krankheitsdispositionen

- Erkrankungen der Sexualorgane, des Enddarms und der Blase
- Schwierigkeiten mit der Ausscheidung als Symbol für die Weigerung, loszulassen und die Kontrolle zu verlieren. Erkrankungen oder Verletzungen, die zu Entstellungen führen.
- Bösartige Tumore.

Empfehlenswerte Therapieformen

- (Extreme) Therapieformen, die an die Grenzen bringen, die die Kontrolle verlieren lassen, die mit tief verdrängten Inhalten in Kontakt bringen. Dies sieht für jeden anders aus (s. Plutoposition).
- Loslassübungen und Kontrollverlust in der Sexualität als eines der letzten Bereiche, in der noch ein Kontakt mit seiner dunklen, versteckten Seite machbar ist.
- Kunsttherapie, um für sich und andere schadlos seine verdrängten Wesenszüge an die Oberfläche gelangen lassen zu können.
- Transformationsübungen für überbordende sexu-

elle und "negative" Kräfte, falls diese eleviert werden wollen.

Zuordnungen aus der Natur und Naturheilkunde

Farbe:
-   Schwarz
-   Kaltes tiefes Rot

Ätherische Öle
-   Kampfer
-   Terpentin
-   Ylang Ylang

Blütenessenzen
-   Cherry Plum
-   Chicory
-   Holly
-   Rock Rose
-   Rock Water
-   Star of Bethlehem
-   Vine
-   Willow.
-   Angel's Trumpet
-   Arnica
-   Black Cohosh
-   Black-eyed Susan
-   Dandelion
-   Echinacea
-   Fuchsia
-   Oregon Grape
-   Scarlet Monkeyflower
-   Sticky Monkeyflower
-   Yarrow Special Formula.

Metall/chemischer Grundstoff
- Plutonium

Edelsteine
- Malachit
- Schwarzer Turmalin
- Schwarzer Diamant/Brilliant

Meditation
- Zur Kontrolle und zum Loslassen: Hatha-Yoga
- Zum Loslassen: Dynamische Meditation; Meditation über (seinen) Tod.
- Zum Einsatz der Urkräfte für höhere Ebenen und zur Selbstheilung: tantrische Übungen; Rituale aus dem Schamanismus und der Magie.

Atemübungen
- Jede Form der Atmung, die in jede Zelle Leben einbringt, wie z. B. Rebirthing, und dadurch wieder Verbindung herstellt zu unbewusst gehaltenen Seelenanteilen.
- Pranayama (Atemübungen des Yoga).

Körperübungen
- Extreme Yogaübungen zur Selbstkontrolle und Selbstüberwindung
- Fallenlass-Übungen auf eine weiche Matte
- Sex total, ohne jede Einmischung - erst dann (!) bei Bedarf entsprechende Übungen, um Sex bewusst zu kanalisieren und einzusetzen.

Kunsttherapie

- Tanztherapie: höchste Körperbeherrschung oder absoluter Kontrollverlust; Flamenco; erotischer Tanz; Tanz als Ausdruck der tiefsten, verborgenen Seiten, der Mordgelüste, der höchsten Macht, der Gewalt, der sogenannten sexuellen Perversion.

- Musiktherapie: schauderhafte Krimimusik, völlig unmelodiös, Gänsehaut erregend, Furcht einflößend (=Furcht vor seinen dunklen, unten lauernden, angeregten Seiten).

- Biblio- und Poesietherapie: Gruselromane. Krimis, Detektivgeschichten, Literatur zur Aufklärung, Aufdeckung von Hintergründen, Brechen von Tabus; Literatur, die tief in die menschliche Seele eindringt; Literatur, die kollektive Verdrängungen offen aufzeigt und ans Licht bringt, lesen und/oder schreiben. Archaische Tiefenpsychologie und Tiefentherapie.

- Filmtherapie: dieselben Themen wie oben sich ansehen oder selbst als Filme produzieren.

Projektionsflächen/Möglichkeiten zum symbolischen Ausleben

- Kriminelle, Gewalttätige
- Sexuelle Tabulosigkeit und Andersartigkeit
- Atombombe (kollektive Selbstzerstörung)
- Schwarze Tiere, Spinnen, Schlangen, Skorpione, Kröten, Wölfe, Scharben, Krätzmilben, Zecken, Blutegel, Stechmücken, Filzläuse

- Gruselfiguren
- Dracula
- Gülle, Kot
- Schwarzes Leder, hochhackige Stiefel, Fesseln, Peitsche Folterkammer
- Höhlen, Tiefsee
- Nacht.

Grundangst

- Machtlos ausgeliefert zu sein
- Ohnmacht,
- Die Kontrolle zu verlieren
- Seine inneren Abgründe zu konfrontieren.

Abwehrmechanismen

Zu meinen,

- seine dunklen Seiten längst transformiert zu haben.
- dass Heilung nur im Licht zu finden sei.
- nicht immer nur in der (inneren) Scheiße wühlen zu wollen
- Trieb und Laster mit Hilfe spiritueller Übungen hinter sich gelassen zu haben.

9. Lösung

= Grundförderung des Prinzips

- Ohne Unterscheidung und Wertung Reintegrationsarbeit leisten.
- Zu wissen, dass man nur soweit in die lichten Höhen des Lebens und seines Wesens gelangen kann, wie man zuvor in seine Tiefen vorgedrungen ist.
- Durch die Wiedereinbindung unbewusster Seelenanteile in sein Selbstbild mehr Macht und Selbstbestimmung im Leben erlangen und an Angst verlieren.
- Sich tief kennenlernen durch Loslassen der Kontrolle und (Er)Leben seiner Leidenschaft und Totalität.
- Sich einer Sache mit seinem ganzen Wesen und Einsatz unterstellen.
- In stetiger Bereitschaft, zu sterben und in immer neuer Form wieder aufzuerstehen.
- Übungen zur Wandlung und inneren Alchemie

DIE VERWIRKLICHUNGSFELDER

1. Art und Ort des Forschens

Wie und in welchem Bereich kommt der Forschergeist am besten und meisten zum Einsatz und zur Entfaltung?

2. Tief verdrängte Inhalte

Welche Seiten meiner Persönlichkeit habe ich am meisten abgespalten? Warum ist daher meine Ganzheit geschädigt und zerbrochen? Wo erlege ich mir Selbsttabus auf?

3. Art der Reintegration

Wie finde ich wieder Kontakt zu den unbewussten Seiten meiner Seele? Wie sieht meine Art der Reintegrationsarbeit aus?

4. Leidenschaft und Macht

Was weckt am meisten meine Leidenschaft und Intensität? Wie kann ich Kontrolle ausüben oder sie verlieren? Wie gelange ich wieder zu der Macht über mich und mein Leben?

5. Lieblingsprojektionen

Auf welche Personen und Situationen projiziere ich gerne die jeweiligen Potenziale in mir, insbesondere als Zeichen der passiven, nicht selbst bewusst umgesetzten Manifestation?
Welche Erkrankungen sind typisch als Ausdruck der passiven Manifestation?

2. DIE 12 PLUTO-KONSTELLATIONEN

1. PLUTO – MARS

Tierkreiszeichen Skorpion im 1. Haus / Tierkreiszeichen
Widder im 8. Haus
Pluto im Widder (Mars im Skorpion)
Pluto im 1. Haus (Mars im 8. Haus)
Aspekte zwischen Mars und Pluto
Aspekte zwischen Pluto und AC

Essenz

Reintegrationsarbeit und Macht mit Hilfe von Körper,
Trieb, Durchsetzungsvermögen, Tatkraft und Initiativen.

Grundspannung

Vorstellungsfixierte Leidenschaft, Zähigkeit um jeden
Preis --- Impulsivität, Direktheit, mit dem Kopf durch die
Wand

Lösung

Seine Tiefen ausloten und seine Vorstellungen umsetzen
mit Hilfe von Aktivität, Tatkraft und Kampfgeist.
Durchsetzung und Selbstbehauptung durch den Einsatz
von Leidenschaft, Intensität und Verzicht auf Sicherheit.

Selbstbild

Ich bin impulsiv, direkt und kämpferisch, daher kann ich meine Vorstellungen in die Tat umsetzen, in die Tiefe meines Unterbewusstseins vordringen und mich wandeln.

1. Art und Ort des Forschens

Impulsivität und Körperlichkeit

Die Pluto/Mars-Persönlichkeit wartet nicht gerne. Sie will sofort losstürmen und mit aller Kraft und Gewalt ans Ziel ihres ausgeprägten Forscherdranges gelangen. Sie setzt jedes Mittel ein bis hin zu körperlicher Auseinandersetzung, um ihr Bedürfnis nach Aufklärung und Aufdeckung von Verborgenem in und außerhalb von sich zu stillen.

Jede Form der körperlichen Aktivität, sei dies nun ein Extremsport, der die letzten Reserven herausfordert, oder eine in die Tiefe des Unbewussten reißende Sexualität, in der sie sich vollkommen verausgabt und alles einbringt, was an Aktivität, Trieb und Begierde in ihr steckt, stellt die Grundlage dar, um in ihr Innerstes vorzudringen, ihre Grenzen zu überschreiten und sich intensiv kennen zu lernen.

Die Pluto/Mars-Persönlichkeit ist direkt und geht mit der Kombination Mut und Risikobereitschaft einerseits und Besessenheit, Zähigkeit und Leidenschaft andererseits ans Werk. Sie kennt keine Schranken und Grenzen bis hin zur Konfrontation mit dem Tod, wenn sie hinter eine Sache sehen und die Wahrheit, wie sie auch aussehen mag, ans Licht bringen möchte.

Sie arbeitet sich mit Tatkraft und Aktivität voran, ungeduldig und mehr als dickköpfig, immer in Erwartung, auf etwas völlig Neues zu treffen, Neuland zu betreten, vielleicht auch neue Arten des Forschens zu entwickeln.

Auch das Ergreifen mutiger, exzessiver, tiefgehender Initiativen bietet die Möglichkeit, ihrem Forscherdrang Nahrung zu liefern.

2. Tief verdrängte Inhalte

(Ohn)Macht durch Körpergewalt und Sexualität

Die von der Pluto/Mars-Persönlichkeit verdrängten Inhalte zählen zu den extremsten in den Augen der Moral und Ordnung. Jede Art der körperlichen Folter und Misshandlung, der sexuellen Perversion und Schändung, des sadistischen Malträtierens, der Grausamkeit gegenüber Leib und Leben eines Feindes (als äußere Projektionsfläche) oder ihrer selbst (Selbstzerstörung) zählen zu den ins Unterbewusste verbannten Wesensanteile wie das Bedürfnis nach totalem Sex, bei dem Schmerz und Sado-Maso an der Tagesordnung sind.

Der Pluto/Mars-Persönlichkeit wohnt das höchste Maß an Blutrunst und Triebhaftigkeit inne, an Lust, im sexuellen und körperlichen Bereich zu quälen und bis an die äußersten Grenzen, bis über sie hinaus zu zwingen.

Die Pluto/Mars-Persönlichkeit benötigt den (Wieder)Kontakt mit ihrer sexuell und körperlich begierigen, blutdürstigen und sadistischen Seite, muss sie wieder eingliedern in ihr Selbstbild, ihr einen gleichberechtigten Platz neben den lichten Engeln in ihrem Wesen und eine konkrete Bühne geben, um ihre Ganzheit wiederfinden zu können, um ihre Form der Heilung, der Vermählung zwischen der Aufspaltung in Gut und Böse einzuleiten.

Sie muss lernen, im sexuellen Bereich ihre Kontrolle zu verlieren und sich voll und ganz ihrer Leidenschaftlichkeit hinzugeben, um sich immer tiefer kennenzulernen und sich mit ihrem ehemaligen Unbewussten zu verbinden. Sie sollte ihre selbst gesetzten Tabus in Punkto Streitlust, totaler Sex, Kampf auf Leben und Tod, Zerstörungswut, Zähne zeigen, sich durchkämpfen und behaupten, Tatkraft und Aktivität an den Tag legen, dominant und voller Aggressionen sein, erkennen und Teil für Teil zu ihrem Selbstverständnis einbeziehen.

Entsteht eine bewusste innere Einheit zwischen mutiger, kämpferischer Durchsetzungskraft und den an die Oberfläche gehobenen Gelüsten nach Grausamkeit und Sadismus, so ist ein innerer Frieden geschlossen und eine gesunde, endlos in die Tiefe gehende Basis für Selbstbehauptung, Initiative und intensive Sexualität geschaffen, auf der alles möglich ist und immer weiter Grenzen überschritten werden können.

Äußere Projektionsflächen wie Kriege, Tierversuche, Folter, Kriminelle, Vergewaltigungen und andere körperliche Qualen sind nicht mehr nötig, um dort im außen zu bekämpfen und zu verurteilen, was auch im Inneren angstvoll ins Unterbewusstsein verbannt worden ist. Auch der aktive Sadismus (selbst an besagten Beispielen aktiv beteiligt zu sein) ist nicht mehr notwendig, da man nicht mehr den politischen Feind oder die Wissenschaft vorzuschieben braucht, als notwendige Ausgangsbasis, um "leider" brutal sein zu müssen, sondern sich selbst diese Eigenschaften eingestanden hat, als Teile seines Wesens, und damit auch konkret Ventile suchen kann, um sie ungehindert und uneingeschränkt, aber ohne sich und anderen zu schaden, ausleben kann (z. B. alle Formen der Kunst, Durchsetzungsvermögen, Initiativen starten, die sehr viel Mut und Risikobereitschaft, wie auch Zähigkeit und Leidenschaft benötigen).

Es ist wesentlich zu erkennen, dass man neben der aktiven Form des Verdrängten auch stets die passive Version, die masochistische Seite des sadistischen Anteils in sich trägt. Wer andere prügelt und tief in sich hineinfühlt spürt, dass er auch gleichzeitig der Geprügelte ist, dass er letztendlich im Gesamten gesehen immer beide Rollen spielen wird (Täter/Opfer-Einheit). Vielleicht nicht im gleichen Leben, aber mit Abstand und Zeitlosigkeit betrachtet auf jeden Fall im Zuge seines Lebendigseins.

Dies gilt für alle Plutopositionen.

3. Art der Reintegration und Wandlung

Körper und Aktion

Will die Pluto/Mars-Persönlichkeit aktive Reintegrationsarbeit in sich leisten, so kann sie dies am besten über den Bereich des Körpers und der Sexualität. Jede Form der Körperarbeit und -therapie eignet sich, um tief in die verborgenen Schlösser ihres Inneren vorzudringen und wieder heim zu holen, was solange unterdrückt wurde und im Keller ihres Wesens dahinvegetieren musste.

Beispiele dafür wären die Dynamische und Kundalini Meditation (Kassetten in esoterischen Buchhandlungen), Bioenergetik, Urschrei-Therapie oder aber ein intensives Sportprogramm, das sie ihre Grenzen überschreiten lässt, sowie eine unkontrollierte und entsprechend intensive Sexualität.

Des Weiteren eignen sich Neugründungen oder andere Anfänge und Starts, die das gesamte Wesen der Pluto/Mars-Persönlichkeit fordern, um sie mit ihren verdrängten Seelenanteilen wieder in Verbindung zu bringen. Jeder Kampf und Wettstreit, jede Herausforderung und Konkurrenzsituation hilft ihr, an unterdrücktes Potenzial und ihre immense Kraft heranzukommen und dieses zu aktivieren.

Mit Hilfe taoistischer oder tantrischer Energiearbeit

kann die Pluto-Mars-Kraft bewusst in Vitalität umgewandelt werden für ein hohes Energieniveau auf körperlicher Ebene und für den Lebensbereich, in dem die Kraft wirkt. Dann wird alles möglich, was sich die Pluto/Mars-Persönlichkeit als neue Aktivität zum Ziel gesetzt hat oder was sie durchsetzen möchte - bewusst und für die Sache. Die eigene Persönlichkeit, der ursprüngliche Eigenwille werden dann hinten angestellt bzw. ihre Kräfte nicht länger den Ego-Wünschen, sondern einem höheren Ziel verfügbar gemacht.

Yoga, besonders die Körper-Übungen (Asanas), nutzt die intensive Power dieser Konstellation zur Überwindung seiner selbst. Die Wandlung findet im eigenen Inneren statt und die dadurch kanalisierte Energie kann dann in der Außenwelt konstruktiv und wirkungsvoll zum Einsatz gebracht werden.

4. Leidenschaft und Macht

Sex und Kampf

Um in Kontakt mit ihrer Leidenschaft zu gelangen, empfiehlt sich eine sehr enge Verbindung zum Körper mit Hilfe sportlicher Aktivitäten und der Möglichkeit, ihren Trieb mit aller Totalität auszuleben.

Auch die unbedingte, genau den eigenen Vorstellungen entsprechende, energievolle Durchsetzung ihrer Eigeninteressen und Ideen, weckt die Leidenschaftlichkeit der Pluto/Mars-Persönlichkeit, genauso wie jegliche Streitereien und andere Situationen, in denen sie sich als die Beste und Stärkste behaupten muss und will.

Neben dem Ergreifen neuer Initiativen, dem Aufbau von Pilotprojekten und dem Siegen in Wettbewerbs- und Kampfsituationen dient auch jede andere extreme Herausforderung dazu, an die Tiefen heranzuführen und ihre Leidenschaft zu entfachen.

Macht wird erworben durch die Wiedervereinigung mit abgespaltenen Wesensteilen im körperlichen, sexuellen und sportlichen Einsatz oder durch einen impulsiven Vormarsch in neue Lebensgefilde.

Eine Weiterentwicklung stellt es dar, die eigene Potenz, Willens- und Durchschlagskraft einer höheren, übergeordneten, möglichst positiven (letztendlich göttlichen) Instanz zu unterstellen (nicht seinen kontrollierenden persönlichen Fixierungen!).

5. Lieblingsprojektionen

Rücksichtslose Menschen, die, ohne mit der Wimper zu zucken, über Leichen gehen; gewaltsame, brutale, körperlich grausame Personen; sexuelle Gewalttäter; Kriminelle, die mit körperlicher Gewalt arbeiten; Schlägertypen; Menschen, die nur von ihrem Trieb beherrscht sind; Macht haben auf körperlicher und/oder sexueller Ebene.

Auf körperlicher Ebene als Zeichen passiver Manifestation: Entzündungen, blutige Wunden im Bereich der Geschlechtsorgane, der Blase und des Enddarms; AIDS; körperliche Folgen einer körperlichen oder sexuellen Gewalttat oder eines extremen sportlichen Aktivismus; Erkrankungen und Beschwerden im Kopfbereich/Galle aufgrund von zu festen Vorstellungen und überholten Bindungen.

Konkrete Förderungen der Pluto/Mars-Persönlichkeit

- Sich ihrer gewalttätigen Seite im körperlichen und sexuellen Bereich bewusst werden und diese in ihr Selbstbild integrieren

- Ihren Sadismus und ihre Machtbegierde in diesen Bereichen annehmen

- Ggf. Selbstzerstörungstendenzen aufgrund des Umgangs mit dem Körper erkennen und in ein anderes Ventil münden lassen

- Für diese gesamte, meist stark verdrängte dunkle Seite in sich ein konstruktives Ventil, eine Bühne finden (Kunst, Sport, konkrete Ziele wie Durchsetzung einer bestimmten Sache, Start eines neuen Projektes)

- Mut zu unkontrollierter Sexualität finden (vielleicht zuerst im Alleingang)

- Bei Bedarf als Übergang Sado-Maso-Sexualität

- Sich eine exzessive sportliche Betätigung suchen

- Jede Form der Körperarbeit und -therapie, die alles fordert und sie über ihre Grenzen bringt

- Ihre Verbissenheit in Hatha-Yoga-Übungen kanalisieren

- Sich körperlich total verausgaben

- Ihre Besessenheit im Durchsetzungsprozess erkennen und ab und an prüfen, ob man nur noch aus Prinzip kämpft oder tatsächlich noch an dieser Sache interessiert ist

- Ein Ventil für ihre (meist nur unterbewusst bekannte) Zerstörungswut bewusst suchen und regelmäßig nutzen (Sport, aktive Meditationen, Sandsack, Kissen mit Messer aufschlitzen, leblose Gegenstände auspeitschen etc.), bis diese Seite unschädlich ausgelebt ist und man zu anderen Umsetzungen dieser immensen Kraft übergehen kann (Initiativkraft etc.).

- Ihre neu entdeckte blutrünstige Seite gleichrangig mit ihrer restlichen Persönlichkeit bewerten und als solche so stehen lassen, d.h. die Dualität des Lebens und damit ihrer selbst annehmen

- Die dunkle Seite in künstlerischen Akten ausleben

- Wandlung durch wertfreie Akzeptanz aller Gruselseiten zulassen

- Bewusste Arbeit mit seiner sexuellen Kraft mit Hilfe taoistischer oder trantrischer Energiearbeit

- Ihre alles wagende Tat- und Willenskraft einer höheren Sache unterstellen.

ÜBUNGEN A

1. Wie folgt die Pluto/Mars-Persönlichkeit am besten ihrem Forscherdrang?

2. Wie nehmen Menschen mit folgenden Konstellationen am besten wieder Kontakt mit ihren verdrängten Seiten auf:
a. Pluto im Löwen im 1. Haus?
b. Pluto in der Jungfrau im 1. Haus?
c. Mars in den Zwillingen im 8. Haus?
d. Mars im Wassermann in Opposition zu Pluto?

2. PLUTO - STIER-VENUS

Tierkreiszeichen Skorpion im 2. Haus / Tierkreiszeichen
Stier im 8. Haus
Pluto im Stier (Venus im Skorpion)
Pluto im 2. Haus (Venus im 8. Haus)
Aspekte zwischen Venus und Pluto

Essenz

Reintegrationsarbeit und Macht durch Sicherheit, Eigenwert, Genussfähigkeit und Abgrenzung.

Grundspannung

Wandlung, tiefe Veränderung, Intensität und Wahrheit um
jeden Preis --- Sicherheitsstreben, Festigkeit.

Lösung

Möglichkeit zu tiefen Wandlungen mit Hilfe seiner materiellen Sicherheit und Genussfähigkeit.
Aufbau von Eigenwert, Sicherheit und Abgrenzungsfä-
higkeit mit Hilfe von Intensität, Wiederverbindung mit
seinen verdrängten Seiten und Totalität.

Selbstbild

Ich habe eine sichere Basis für mein Leben erarbeitet, ver-
stehe es zu genießen und kann mich abgrenzen, daher

komme ich in tiefen Kontakt mit meinem Unbewussten und bin bereit, mich tief zu wandeln.

1. Art und Ort des Forschens

Bequem und sicherheitsorientiert

Die Pluto/Venus-Persönlichkeit bewegt sich nur mäßig und behäbig auf ihre Forschungsobjekte zu, da das Vordringen ins Unbekannte ihr sorgsam errichtetes Sicherheitsnetz gefährden könnte. Sie geht möglichst kein Risiko ein, was größere Fortschritte in ihrem Erkundungsprozess sehr erschwert.

Ihr Lernmotto könnte heißen: "Das einzig Beständige ist der Wandel." Sie wird lernen müssen, dass ein durchgehendes Festhalten an dem Errungenen, insbesondere an Eigentum und Besitz, bei dieser Konstellation nicht möglich ist, sondern die Offenheit und Bereitschaft entwickelt werden sollte, Verbindungen zu Besitztümern jeder Art zu hinterfragen und Wandlungen zuzulassen, wenn sie nur noch aus Sicherheits- und Gewohnheitsgründen aufrechterhalten werden und einen Verrat an der Wahrheit und Echtheit ihrer Persönlichkeit darstellen.

Wesentlich zugänglicher für dieses Thema wird sie, wenn Aussicht auf Eigentum und Vorteile für den Aufbau ihrer materiellen Basis bestehen. Dann kann sie sich mit sehr viel Arbeitseinsatz ihrem Forscherdrang widmen.

Auch beim Vordringen in den Bereich der Gelüste, der körperlichen und kulinarischen Genüsse und der Sinnlichkeit herrscht eine ausgeprägte Bereitschaft, sich in unbekannte Zonen ihres Wesens zu begeben.

2. Tief verdrängte Inhalte

(Ohn)Macht durch Geld

Die ins Unterbewusstsein verdrängten Seiten der Pluto/Venus-Persönlichkeit drehen sich um Besitz, Eigentum und die Lust am Genuss und der Sinnlichkeit. Sie hat ein tiefes Bedürfnis, sich durch materielle Errungenschaften Macht zu erwirtschaften. Daher setzt sie all ihre Kompromisslosigkeit und Zähigkeit daran, sich eine sehr solide, sichere finanzielle Basis zu erarbeiten, als Ausgangspunkt, um andere dominieren und manipulieren zu können. Eine Weiterentwicklung hieße: um Macht über ihr eigenes Leben und Selbstbestimmung zu erlangen.

Sie steckt voller Gier und Geiz, wenn es um ihre Besitztümer geht, gleichgültig auf welcher Ebene sie diese angesammelt hat (Geld, Partner, Familie, Freunde etc.). Sie will endlos haben und nichts und niemanden mehr aus ihren Klauen frei geben. Was sie erst einmal als ihr Eigentum deklariert hat, wird umzäunt und in einem Hochsicherheitstrakt gehütet.

Die Pluto/Venus-Persönlichkeit geht über Leichen, um zu Geld, Wohlstand, Wohlleben, Sicherheit und Besitz zu gelangen. Ihr ist jedes Mittel recht, um Reichtum (auf dem Gebiet ihrer Venus-Konstellation) anzuhäufen und sich mit diesem mit aller Gewalt gegen die Umgebung abzugrenzen. Sie will festhalten und strebt nach absoluter Sicherheit, um jeden Preis.

Sie verfügt über die Fähigkeit, sich durch ihre intensive Art, ihre tiefe Wiederverwurzelung mit ihren (gerade erläuterten) verdrängten Seiten, ihren Forschergeist und ihre Verbundenheit zur Wahrheit und Echtheit ihre materielle Basis aufzubauen und abzusichern sowie realen Eigenwert zu entwickeln. Ganzheit heißt hier, Gier und Machtbedürfnisse sowie Manipulation und Dominanz durch Geld in ihr Selbstbild aufzunehmen.

3. Art der Reintegration und Wandlung

Materie und Genuss

Die Pluto/Venus-Persönlichkeit kommt in Kontakt mit ihrer abgespaltenen Seite durch jede Form von Geldgeschäften und Methoden der Absicherung (Besitz, Verträge). Dies kann beginnen mit dem Erwerb von Eigentum, von sicheren Anlagen, Immobilien bis hin zu mannigfaltigen Versicherungspolicen.

Ein hohes Bankkonto, egal in welchem Bereich, kann sie dazu verführen, ihrem innersten Wunsch, andere von sich z. B. finanziell abhängig zu machen und zu beherrschen, nachzugehen, zumindest in der Phantasie und Vorstellung, und damit diesen Teil ihres Wesens wieder in ihr Selbstbild aufzunehmen.

Auch die zweite Grundthematik der Stier-Venus, nämlich die Hingabe an die körperliche Lust, das Schlemmen, das sich hier beinahe schon zu Tode Fressen führt unweigerlich in die bisher schön verborgen gehaltenen inneren Abgründe hinab.

Beste Therapieform: Loslassen müssen des Besitzes, Börsencrash.

Bewusste Art der Wandlung: Arbeit mit den 4 Elementen, den Kräften und der Ursprünglichkeit und Urgewalt der Natur. Wiederkontakt mit ihrer erdenden Naturverbundenheit und allen Stirb-und werde-Prozessen, die dazu gehören. Sich immer wieder freiwillig von einem Teil ihres Besitzes lösen, z. B. durch Spenden, und zwar so sehr, dass es auch ein wenig weh tut.

4. Leidenschaft und Macht

Eigentum und Sinnlichkeit

Auch hier steht natürlich die Anhäufung von sicheren Werten, von Besitz und Geld, letztendlich vor allem eines gesunden, realen Selbstwertes an oberster Stelle, einer unumstößlichen Sicherheit, die auf der Umsetzung individueller Qualitäten beruht und somit von niemandem mehr genommen werden kann.

Macht wird gestärkt durch einen stabilen finanziellen Grundstock, materielle Eigenständigkeit und die Fähigkeit, sein Geld durch eine dem Wesen entsprechende Art und Tätigkeit (Venuskonstellation) zu verdienen.

Auch das Maß an Abgrenzungsvermögen stärkt die Macht über seine Persönlichkeit und sein Leben.

5. Lieblingsprojektionen

Geldgierige, geizige Menschen, die den Hals nie voll genug bekommen können; sture, unflexible, rein sicherheitsorientierte Personen, die auch dann noch an ihrem Besitz festhalten, wenn er ihnen die Kehle zuschnürt oder wie Ketten an den Füßen an jeder weiteren Bewegung hindert.

Auf körperlicher Ebene als Zeichen der passiven Manifestation: Erkrankungen im Hals/Nacken/Schulterbereich, besonders Krämpfe, Entstellungen; Erkrankungen von Enddarm/Blase/Geschlechtsorganen aufgrund von Schwierigkeiten mit dem Aufbau eines echten Selbstwertes, einer materiellen Grundlage, seiner Genussfähigkeit und seines Abgrenzungsvermögens.

Konkrete Förderungen der Pluto/Stier-Venus-Persönlichkeit

- Totalität in der Genussfreude und im Scheffeln von Geld und Besitz

- Sich ihres Bedürfnisses, durch Geld und Eigentum Macht zu erlangen und auszuüben, bewusst werden und ihm ein Ventil bieten (entsprechenden Krimi schreiben, in eine andere Kunstform einbringen, zur Umsetzung ihrer finanziellen Pläne und Ziele einsetzen)

- Selbstwert auch auf ihrer Fähigkeit zu Leidenschaft, Tiefe, Wahrheit, Wertfreiheit, Wandlung, Wiederverbindung mit ihrer unbewussten Seite aufbauen sowie damit ihr Geld verdienen

- Sich mit Hilfe ausreichender Finanzen und aus dem Bedürfnis nach (innerer) Sicherheit und Abgrenzungsvermögen erforschen und mit den verdrängten Seiten vereinen

- Erkenntnis: Das einzig Beständige ist der Wandel

- Sich ohne jede Grenzen und Kontrolle ihren körperlichen, sinnlichen, kulinarischen Gelüsten hingeben

- Sich mit ihren schwarzen Eigenschaften abgrenzen

- Nach totaler Sicherheit streben in dem Wissen, sie nie erreichen zu können, es sei denn man lässt sie freiwillig wieder los, wenn sie die Echtheit der

Persönlichkeit einschränkt, und versteht, dass die unvergängliche Sicherheit nur die entwickelten inneren Werte sind, die allerdings ebenso ständigem Wandel unterzogen werden.

- Mit Leidenschaft und Kompromisslosigkeit ihr Revier abstecken und mit allen verfügbaren Mitteln verteidigen

- Freiwillige Abgabe eines Teils all dessen, was sie als ihr verbrieftes Eigentum betrachtet

- Wandlungsarbeit durch die Beschäftigung mit den Rhythmen und Zyklen der Natur.

ÜBUNGEN B

1. Welches sind die Eigenschaften, die die Pluto/Venus-Persönlichkeit gerne bei sich verdrängt?

2. Wie gelangen Menschen mit folgenden Konstellationen am besten an ihre abgespaltenen Wesensanteile:
a. Pluto im Schützen im 2. Haus?
b. Venus in Konjunktion zu Pluto in der Waage?
c. Pluto im Löwen im 2. Haus?

3. PLUTO - ZWILLINGE-MERKUR

Tierkreiszeichen Skorpion im 3. Haus / Tierkreiszeichen
Zwillinge im 8. Haus
Pluto in den Zwillingen (Merkur im Skorpion)
Pluto im 3. Haus (Merkur im 8. Haus)
Aspekte zwischen Merkur und Pluto

Essenz

Reintegrationsarbeit und Macht durch Wissen und sprachliche Fähigkeiten.

Grundspannung

Intensität, Tiefgang, Bindungswille, Problemorientierung
--- Leichtigkeit, Objektivität, keine Bindungen, Oberflächlichkeit, neutrales Wissen.

Lösung

Einsatz von Forschergeist und Tiefe zum Erwerb von
Wissen und einer eigenen Meinung.
Nutzung der geistigen und verbalen Fähigkeiten und des
Wissens, um tief in sein Wesen oder andere Forschungs-
gebiete vorzudringen.

Selbstbild

Ich erwerbe mir Wissen und entwickle meine sprachlichen

Fähigkeiten, daher kann ich in mein Unterbewusstsein vorstoßen und mich von Grund auf wandeln.

1. Art und Ort des Forschens

Im Geiste

Die Pluto/Merkur-Persönlichkeit betreibt ihre Forschungen auf der geistigen Ebene und benutzt dazu ihr Wissen, ihre Informationen und ihr starkes Bedürfnis nach intensivem verbalem Austausch.

Sie liest entsprechend viel, sammelt Fakten oder lernt sich bzw. die zu erforschende Materie kennen, indem sie darüber redet oder schreibt. Sie betrachtet dabei stets beide Seiten und bewahrt ihre Objektivität und Neutralität, lässt sich nicht leicht in die plutonischen Tiefen hinabziehen, sondern möchte den geistigen Abstand bewahren.

2. Tief verdrängte Inhalte

(Ohn)Macht durch Wissen und Worte

Verdrängt wird hier in erster Linie das Bedürfnis, mit seinem Wissen und seinen sprachlichen Fähigkeiten tief in ein anderes Wesen eindringen und Macht ausüben zu wollen.

Die Art, zu sprechen oder zu schweigen, Worte gekonnt einzusetzen und die Schwächen des anderen heraus zu spüren, um sie in tiefgehender, markanter Weise im Gespräch offen zu legen, verleiht der Pluto/Merkur-Persönlichkeit die Möglichkeit, ihre dunkelsten Seiten nach außen zu kehren und den anderen zu dominieren und zu manipulieren.

Sie verweist daher vor allem ihre verbalen Machtbedürfnisse wie auch ihre abartigen, so genannten schmutzigen Gedanken ins Unterbewusstsein, ihre Rachepläne, ihr Drang, andere durch Worte zu drangsalieren und in die Enge zu treiben, sie zu quälen und ihnen langsam den Garaus zu machen.

Auch einen Vorsprung an Informationen, an Wissen, an Wortgewandtheit und Schlagfertigkeit möchte sie für ihren Willen, andere zu beherrschen, nutzen und zum Einsatz bringen.

Selbsttabu: Man verbietet sich, seine gewaltigen sprachlichen und geistigen Kräfte wirkungsvoll einzusetzen, da man sich vor seiner eigenen Tendenz, diese zu missbrauchen fürchtet. Lösung: die grausame Seite dieses Potenzials in ein bewusst gewähltes Ventil einfließen lassen, d.h. es nicht zu unterdrücken, sondern unschädlich zum Ausdruck und zum Fließen bringen (künstlerischer Ausdruck etc.), und damit auch die konstruktive Seite, die z. B. heilsame Macht durch Worte, angstfrei an die Oberfläche bringen und leben zu können.

3. Art der Reintegration und Wandlung

Sprache

Der Kontakt zur inneren Finsternis findet über jede Form des sprachlichen Ausdrucks und Austausches statt. Die Pluto/Merkur-Persönlichkeit kann sich sehr tief kennenlernen, wenn sie ihre Worte immer unkontrollierter entweder im Gespräch oder in schriftlicher Form sprudeln lässt und ohne jede Einmischung und Zensur ihr Innerstes über die Sprache ins Bewusstsein zurückgewinnt.

Desgleichen eignen sich sämtliche Methoden, die mit der Stimme oder dem Atem arbeiten wie Stimmbildung,

Sprachgestaltung, Gesangsunterricht, Gesprächstherapie und Atemtherapie.

Für die schriftliche Version des Wiederkontaktes mit den abgespaltenen Seelenanteilen könnte sie sich ein entsprechendes Thema wählen (Gruselgeschichte, Krimi, Erotik, Porno, Mittelalter, Inquisition, Kannibalismus, Gewalt) und den Worten freien Lauf lassen, auch wenn sich langsam eine Gänsehaut zeigt oder ihr vor den eigenen Ideen und Phantasien graut. Wenn sie auftauchen gehören sie zu ihrem Wesen dazu und müssen bewusst integriert werden, um nicht aus der inneren Verdrängung heraus das Leben mitzubestimmen.

Schon das bloße Lesen solcher Literatur wie auch das Sich-Versenken in tiefenpsychologische Werke, die auf tatsächlichen Kontakt mit dem Unbewussten zurückgehen und nicht nur reine Kopfaktionen sind, tragen dazu bei, sich auf die innere Dunkelheit, das eigene innere Mittelalter einzustimmen.

Wandlung findet neben der Reintegrationsarbeit durch Pranayama (Yoga-Atemübungen), Heilende Laute (taoistische Atemarbeit zur Reinigung von negativen Gefühlen und Aufnahme positiver Kräfte durch Worte und Farben), Arbeit mit Mantren, Erforschung und Veränderung seiner Denkweisen und Glaubenssätze oder durch entsprechende Affirmationen statt.

4. Leidenschaft und Macht

Kommunikation und Wissen

Die Leidenschaft der Pluto/Merkur-Persönlichkeit wird durch intensive, auf den Grund gehende Gespräche entfacht, ebenso wie durch alle Themen, die Grenzerfahrungen, Tod, Tabus, Exzesse beinhalten.

Sie will Personen und Sachlagen absolut durchleuchten und gibt erst Ruhe, wenn sie meint, die Wahrheit erfasst, die wirklichen Hintergründe und Tatsachen aufgedeckt und den Fall Mensch oder die Situation aufgeklärt zu haben.

Sie bohrt solange in Gesprächen oder im Studium der unterschiedlichsten Informationsquellen, bis die hintersten Winkel genauestens ausgeleuchtet sind und jedes noch so schrecklich anmutende Geheimnis gelüftet ist.

Sie findet die Macht über ihr Leben wieder, indem sie sich ein reiches Wissen aneignet, ihre rhetorischen Fähigkeiten entwickelt und ihr Bedürfnis nach geistiger und verbaler Durchdringung der Themen, die sie tief berühren, stillt.

5. Lieblingsprojektionen

Menschen, die Haare auf den Zähnen haben und in Gesprächen als Giftzahn und Giftspritze auffallen, die eine scharfe Zunge haben und verbal oder geistig dominant sind, die durch ihre Sprache andere manipulieren und nach ihrer Pfeife tanzen lassen (Projektion bevorzugt auf Geschwister, andere Verwandten und Nachbarn, aber auch jeden Gesprächspartner).

Auf körperlicher Ebene als Zeichen der passiven Manifestation: Erkrankungen des Stimmapparates und/oder des Atemtraktes, besonders Krämpfe, Entartungen, extreme, schockierende, Todesfurcht auslösende Beschwerden; Erkrankungen von Enddarm/Blase/Geschlechtsorganen aufgrund von Schwierigkeiten im geistigen und sprachlichen Selbstausdrucks, vor allem durch zu vorstellungsfixiertes Denken, Reden, Kommunizieren und Kontakte herstellen; Zwangsvorstellungen.

Konkrete Förderungen der Pluto/Zwillinge-Merkur-Persönlichkeit

- Ihren Forscherdrang im verbalen und geistigen Bereich entwickeln und zum Ausdruck bringen

- Durch Reden, Schreiben, Literatur, Wissen wieder in Verbindung mit ihrem Unbewussten treten

- Sich ihres (meist unterdrückten) Bedürfnisses bewusst sein, Macht durch Wissen und Worte auszuüben, und dafür ein klares Ventil finden (Geschichten über diese Thematik schreiben und sich dabei ausleben)

- Beim Reden und Schreiben loslassen und alles an Gedanken und Phantasien an die Oberfläche gelangen lassen

- Interessensgebiete bis zum Exzess durchleuchten, alles darüber lesen und lernen und sich intensiv in Gesprächen austauschen

- Misstrauen in Gesprächen und verbalen Kontakten als Projektion der Angst vor sich selbst (ihrer verborgenen Seiten) nach außen erkennen und durch intensive Innenschau und die unterschiedslose Akzeptanz des Auftauchenden abbauen

- Atem-, Stimm-, Gesangs- und Gesprächstherapie, um in ihr Innerstes vorzustoßen

- Kontakt mit machtvollen geistigen Kräften, die sie wandeln können, aufnehmen

- Die Magie von Mantren erfahren

- Tiefgehende Atemtherapie

- Pranayama und Heilende Laute (Mantak Chia) praktizieren.

ÜBUNGEN C

1. Wie sieht die Art des Forschens der Pluto/Merkur-Persönlichkeit aus?

2. Auf wen projiziert sie am liebsten ihre verdrängten Seiten?

3. Wie gelangen Menschen mit folgenden Konstellationen am besten in Kontakt mit ihren unbewussten Seelenanteilen:
a. Pluto in den Zwillingen im 4. Haus?
b. Pluto in den Zwillingen im 10. Haus?
c. Pluto in den Zwillingen im Quadrat zum Mond in den Fischen?
d. Pluto im Stier im 3. Haus?

4. PLUTO - MOND

Tierkreiszeichen Skorpion im 4. Haus / Tierkreiszeichen
Krebs im 8. Haus
Pluto im Krebs (Mond im Skorpion)
Pluto im 4. Haus (Mond im 8. Haus)
Aspekte zwischen Mond und Pluto
Aspekte zwischen Pluto und IC

Essenz

Reintegrationsarbeit, Macht und Wandlung durch den
Kontakt mit der Gefühls- und Innenwelt, durch die Themen Familie, Kinder, Wohnen.

Grundspannung

Feste Vorstellungen, fixe Bindungen --- Fließen, Fühlen

Lösung

- innerhalb fester Bindungen in Kontakt mit seinem Gefühl gelangen
- im Fluss mit seinen Gefühlen zu seiner verborgenen Seite vordringen.

Selbstbild

Ich fühle mein inneres Wesen und schenke mir und anderen Geborgenheit, daher kann ich tief in meine versunkene

Welt vordringen, Verlorenes wieder in mein Bewusstsein aufnehmen, mich wandeln und emotionale Selbstbestimmung erlangen.

1. Art und Ort des Forschens

Innenwelt

Die Pluto/Mond-Persönlichkeit betreibt ihre Lebensforschungen rein aus ihrem Gefühl heraus. Sie verfügt über einen intensiven, tief erfassenden Spürsinn, der allein auf ihre gefühlsmäßigen Eingebungen zurückzuführen ist.

Zielpunkt ihrer Expedition ist in erster Linie ihre gesamte innere Welt, sind ihre Empfindungen, ist z. B. auch der Zustand ihres inneren Kindes und das Herausfinden seiner wirklichen Wünsche, um es zu heilen und wieder Vertrauen zu ihr als mütterliche, versorgende Kraft fassen zu lassen. Als Unterstützung kann dazu das Verhalten und der Umgang zu Kindern in der Außenwelt genau betrachtet werden, als klares, äußeres Abbild zum Verhältnis des inneren Kindes.

Auch die Art der Verbundenheit zur Mutter und zur gesamten Heimat und Herkunftsfamilie stellen ein wesentliches Feld dar, um den innersten Reaktionsmechanismen auf die Spur zu kommen (insbesondere durch die Wiedereingliederung der projizierten Inhalte in das eigene Selbstbild).

Am besten erkundet die Pluto/Mond-Persönlichkeit sich selbst wie auch das Thema Seele und Gefühl bei sich zuhause, in aller Abgeschiedenheit und Ruhe oder innerhalb einer sehr intensiven emotionalen Verbundenheit zu einem anderen Menschen.

2. Tief verdrängte Inhalte

(Ohn)Macht durch Gefühle, Familie, Mutter

Zu den hauptsächlich verdrängten Seiten dieser Konstellation zählt das unstillbare Bedürfnis, den anderen gefühlsmäßig abhängig zu machen und vollkommen einzuverleiben, ihn auf- und auszusaugen. Man ersehnt ein vampirhaftes Verhältnis, eine Jahrhunderte lange, ausschließliche Verbindung und Verschwörung auf gefühlsmäßiger Ebene.

Die Pluto/Mond-Persönlichkeit hat das Potenzial zu leidenschaftlichen, tödlichen oder todbringenden Gefühlen und braucht entsprechende äußere Beziehungen, die bei ihr den Kontakt zu diesen Seiten wachrufen, sofern sie sich nicht eigenständig alleine hinab begibt in den rufenden, weichen, offenen Schlund ihrer finsteren Tiefen.

Auch das Einflößen von Schuldgefühlen, die emotionale Erpressung zählen zu den meist abgespaltenen Wesensmerkmalen dieser Konstellation. Den anderen subtil zu dominieren und seelische Grausamkeiten an ihm auszuführen, ihn gefühlsmäßig an sich zu fesseln und in den Würgegriff zu nehmen.

Man will die totale gefühlsmäßige Verbundenheit, eine Symbiose, in der keiner ohne den anderen lebensfähig ist und existieren möchte. Das auserwählte Opfer darf sich nur im Schoße der Pluto/Mond-Persönlichkeit geborgen fühlen, darf nur dort seelische Nahrung und Zuwendung erfahren, Gefühle austauschen und zärtlich sein.

Selbsttabu könnte sein: den anderen mit Haut und Haaren emotional für sich haben zu wollen aus instinktiver Angst, diesen Teil in sich zu leben, den er ablehnt. Folge: der einverleibende Part wird von außen kommen und die gefürchtete Rolle übernehmen. Die oft gewählte Form der Flucht stellt eine hohe Selbstkontrolle, eine Front von festen Vorstellungen vor der innen brodelnden Gefühlswelt dar.

3. Art der Reintegration und Wandlung

Emotionale Bindungen

Die direkteste Art, um in Kontakt mit dem Unbewussten zu gelangen, ist das Sich-Einlassen auf eine intensive und totale emotionale Bindung. Diese strebt man zuerst in der Außenwelt an, beginnt mit entsprechenden Erfahrungen in der Familie und setzt diese in der Anziehung von ähnlichen Gefühlsbindungen später fort. Grundlage des Verhaltens ist dabei stets das eigene Potenzial, sind nicht die Eltern oder das Milieu, denn die sind schon Folge dieser inneren Veranlagung, als erste äußere Bestätigung und Projektionsfläche im Leben.

Letztendlich geht es um die Aufdeckung der emotionalen Beziehung zu sich selbst, der langsamen Wandlung von totaler (Selbst)Kontrolle zu echter Leidenschaft, da man erkannt hat, dass nur diese wertfreie Offenheit gegenüber der innen auftauchenden Intensität und Tiefe zur tatsächlichen Heilung der innen klaffenden Wunden führen kann.

Daher eignen sich besonders Therapieformen, die in Kontakt mit dem inneren Kind, mit Familienbanden (als Möglichkeit der Aufdeckung von Projektionen), in denen das Gefühl angesprochen wird (Phantasiereisen, Kunst, Atem), bringen und nicht der Geist.

Das gesamte Verhalten in einer Gefühlsverbindung ist Aussage und Abbild und gibt die bestmöglichste und ehrlichste Basis, um sich zu erkunden und zu sehen, wie es um die Befindlichkeit der inneren Verbindung, auch des Versorgungs- und Gesundheitszustandes des inneren Kindes steht, um in die Gefilden zu gelangen, die im Kerker des Unbewussten fast schon leblos am Boden kauern. Alles, was die dunkle Seite der Seele nährt, tut erst mal gut. Durch die tiefe Erforschung und Akzeptanz können die verloren gegangenen und verletzten Wesensanteile ans Licht gebracht und geheilt werden. Das Dunkle ist nur so lange dunkel, wie es keiner sieht und sehen will.

Auch die konkrete Elternschaft, der Aufbau einer Familie rührt an verdrängten Urgründen des Inneren.

Wandlung geschieht neben der Reintegration am besten durch Innere-Kind-Arbeit und systemische Familientherapie.

4. Leidenschaft und Macht

Gefühle

Größte Leidenschaft erweckt jede gefühlsmäßige Anziehung und Verbundenheit, alles, was das Gefühl der Geborgenheit und des Zuhauseseins erweckt. Dieses Gebiet will dann mit aller Intensität und Ausschließlichkeit begangen werden.

Am förderlichsten wäre es, seinem Forscherdrang zuerst im eigenen Inneren nachzugeben und sich nach und nach die verdrängten inneren Seiten wieder ins Gewahrsein und Selbstbild einzuverleiben. Damit werden immer mehr innere Stellen selbst bewusst wahrgenommen und durch eigene Kraft besetzt, anstatt andere ersatzweise besetzen zu wollen oder selbst Opfer einer Fremdbesetzung zu werden.

Diese wachsende innere Wiederverbindung auch mit den dunkelsten Seiten seiner selbst im gefühlsmäßigen Bereich ist Grundaufgabe der Pluto/Mond-Persönlichkeit. Sie stellt die Voraussetzung für die innere Heilung, die

Möglichkeit der Hingabe statt Kontrolle (da man vor sich und seinem inneren Unbekannten keine Angst mehr zu haben braucht) und die Rückeroberung von Macht über ihr Leben dar.

Das Misstrauen gegenüber den Gefühlen anderer Personen muss als Projektion der Angst vor sich selbst (seinem Mangel an wahrem Gefühl) erkannt werden. Änderungen können nur durch das Kennenlernen aller gefühlsmäßigen Seiten in sich stattfinden.

Das Bedürfnis, sich bis in die letzten innersten Winkel vorzuarbeiten und durch emotionale Verbindungen seine Grenzen zu überschreiten, ruft ebenso die Leidenschaft hervor und lässt die intensive, Wahrheit suchende Seite zum Erwachen kommen.

5. Lieblingsprojektionen

Klammernde, krakenarmige Mütter, Frauen, seelisch Verbundene; emotional fesselnde und erstickende Bindungen, die einem aussaugen; Menschen, die Schuldgefühle einflößen und emotional erpressen; Höhlen, finstere Wohnstätten.

Auf körperlicher Ebene als Zeichen der passiven Manifestation: Erkrankungen der Geschlechtsorgane, besonders Krämpfe (z. B. Vaginismus), Entartungen, Entstellungen; Erkrankungen der Geschlechtsorgane/Enddarm/Blase aufgrund von Schwierigkeiten im emotionalen Bereich insbesondere zu fester Bindungen, Fixierungen und Vorstellungen; Abtreibungen; Magersucht/Bulimie.

Konkrete Förderungen der Pluto/Mond-Persönlichkeit

- Jede Form der Erforschung der Innenwelt, in Projektion: des Verhältnisses zu Mutter, Heimat, Familie, Kinder, Wohnung

- Arbeit mit dem inneren Kind

- Mutter ihrer schwarzen Seiten werden

- Intensivste, ausschließliche emotionale Verbindungen

- Feste, Lebendigkeit erstickende Vorstellungen auch als Zeichen von Kontrolle vor der brodelnden, haltlosen emotionalen Leidenschaft im Inneren erkennen und langfristig aufgrund zunehmenden Wissens um diese Intensität und deren praktischer Erfahrung nicht mehr benötigen

- Therapien, die direkt das Gefühl ansprechen

- Macht über sich gewinnen durch bewusste Reintegrationsarbeit bzgl. ihrer Emotionalität

- Gefühlsmäßiges Aussaugen und Einverleiben wollen als Hauptverdrängungsthematik erkennen und dafür ein klares Ventil finden (darüber reden, schreiben, malen etc)

- Sich mit jeder Form von Gewalt und Missbrauch gegenüber Kindern auseinandersetzen und ihren Teil darin erfassen; Arbeit mit missbrauchten Kindern

- Kontaktaufnahme mit verdrängten Inhalten in einer vertrauten Umgebung oder ganz mit sich alleine (bzw. gemäß der Mondposition)

- Innere Detektivarbeit bis zum Exzess betreiben.

- Systemische Familientherapie

ÜBUNGEN D

1. Wie kann die Pluto/Mond-Persönlichkeit am besten in Kontakt mit ihrer inneren Dunkelheit gelangen?

2. Wie könnten die tief verdrängten Seiten der Menschen mit folgenden Konstellationen aussehen:
a. Pluto im Krebs im 5. Haus?
b. Pluto im Krebs im 10. Haus?
c. Pluto in den Zwillingen im 4. Haus?
d. Mond im Wassermann in Opposition zu Pluto im Löwen?

5. PLUTO - SONNE

Tierkreiszeichen Skorpion im 5. Haus / Tierkreiszeichen
Löwe im 8. Haus
Pluto im Löwen (Sonne im Skorpion)
Pluto im 5. Haus (Sonne im 8. Haus)
Aspekte zwischen Pluto und Sonne

Essenz

Reintegrationsarbeit und Macht durch Selbstentfaltung
und Kreativität.

Grundspannung

Orientierung an Wahrheit, Leidenschaft, Vorstellungen,
Echtheit um jeden Preis. --- Orientierung an der Entwicklung seiner Einzigartigkeit, seiner persönlichen Qualitäten.

Lösung

Einsatz seiner Intensität, Leidenschaft und Suche nach
absoluter Echtheit im Prozess der Selbstentfaltung und des
schöpferischen Ausdrucks seiner Besonderheit, Eigenständigkeit und Souveränität.
Nutzung der individuellen Kräfte, Eigenschaften und Fähigkeiten, um in seine verborgene Innerlichkeit zu gelangen und somit seine Macht und Selbstbestimmung zu ver-
stärken.

Selbstbild

Ich entfalte meine individuelle Persönlichkeit und setze meiner Einzigartigkeit ein Denkmal, daher kann ich tief in meine verdrängten Seelenanteile vordringen und mich wandeln.

1. Art und Ort des Forschens

Das Selbst

Die Pluto/Sonne-Persönlichkeit erforscht am liebsten sich selbst und aus ihren ganz persönlichen Fähigkeiten heraus. Sie möchte ihre eigenen Versionen finden und zum Einsatz bringen, ihre Kreativität zum Zuge kommen lassen und ihre Forschungsreise, ihre tiefgehende, bohrende Untersuchung des Objektes ihres Interesses zum Akt und Ausdruck ihrer Einmaligkeit werden lassen.

Sie entdeckt am besten neue Seiten ihres Selbst durch künstlerische oder andere schöpferische Tätigkeiten, durch das Gewinnen der Herrschaft über ihr Leben und durch konkrete selbständige, unternehmerische Projekte.

Die Werke, die sie in die Welt setzt, und die Rollen, die sie in der Welt spielt, geben das wichtigste Feld ihres Erkundungsbestrebens ab und bieten auch die Basis, um anderweitig ihrem Drang, aufzuklären, aufzudecken, Geheimnisse zu lüften und Verborgenes ans Licht gelangen zu lassen, nachzugeben.

Sie erforscht das Leben, indem sie sich entfaltet, sich verwirklicht und eigenständig, selbstbewusst und souverän handelt.

Ein weiteres wichtiges Forschungsobjekt stellt die Sexualität in all ihren Variationen dar.

2. Tief verdrängte Inhalte

(Ohn)Macht durch Selbstherrlichkeit / Der/die allmächtige König(in)

In den abgespaltenen Welten der Pluto/Sonne-Persönlichkeit findet sich auf jeden Fall der Wunsch nach absoluter Herrschaft über ein Fußvolk, einen unterjochten Sklavenstaat. Es besteht das starke Bedürfnis, über anderen als Allherrscher zu thronen, das jubelnde Volk und einen Hofstaat unter sich haben. Man sieht sich insgeheim über den ausgerollten roten Teppich schreiten, sieht sich standing ovations gegenüber oder als Held der Nation im Triumphwagen durch die begeisterte Menge fahren, die einem nicht in ihrem Wesen, sondern in ihrer Zustimmung und Unterstützung für sein Ego interessiert.

Besondere Ausgeburten stellen dazu König Herodes, Caligula und Kaiser Nero dar.

Doch auch jede andere machtvolle Persönlichkeit, die allein die Herrschaft in den Händen hält und durch ihre Macht über das niedere Volk über Tod und Leben entscheidet, eignet sich als Traumbild und Projektionsfläche für diese Konstellation, ebenso wie absolute Machtansprüche und Sadismen beim Sexakt.

Des Weiteren kann ein ausgeprägter Fortpflanzungswille im Inneren der Pluto/Sonne-Persönlichkeit versteckt liegen, der sich in dem Wunsch zeigt, die Welt mit ihren Nachkommen (egal welcher Natur und in welcher Form) zu bevölkern und damit ihre Besonderheit zu präsentieren und ihre persönliche Macht auszubauen.

Diesen uneingeschränkten Herrscherwillen verdrängt sie gerne, tabuisiert sie vor sich selbst und zerteilt so ihre innere Ganzheit. Stattdessen sollte sie ihn wieder in ihr Gewahrsein aufnehmen und einen bewussten, konstruktiven Kanal dafür finden (totale Selbstentfaltung, vollkommene Echtheit im Selbstausdruck; leidenschaftlicher Unternehmergeist; Ausreizen aller Möglichkeiten in der Sexualität; Künstlertum).

3. Art der Reintegration und Wandlung

Schöpferkraft

Die Wiederverbindung mit dem Abgespaltenen findet durch jede Art der Selbsterforschung insbesondere durch Kunst und Kreativität statt. Es ist am besten, durch persönliche Werke seine Einmaligkeit an die Oberfläche zu bringen, seine Einzigartigkeit als Schatz zu heben und in einer schöpferischen äußeren Form zu demonstrieren, ihm eine Bühne zu verschaffen.

Es gilt, seinem Trieb, sich ein unübersehbares, machtvolles Denkmal zu setzen, zu folgen, sei es durch Kinder, Kunstwerke, ein Unternehmen, Romane, Songs, Schauspielerei, Filme, Fotos, Skulpturen und jede andere Variante des kreativen Selbstausdrucks.

Jedes Werk, das man ohne Einmischung, Wertung und Zensur aus sich aufsteigen und Gestalt annehmen lässt, gibt wieder neue Auskunft aus dem endlosen Reich seiner reichen Unterwelt.

Die beste und für jeden sofort greifbare Form zur Reintegration und Wandlung stellen daher kreative Methoden und Kunsttherapie dar. Für die sexuelle Seite eignet sich wie bei Mars taoistische und tantrische Energiearbeit, um die brodelnde, tosende Urkraft in Vitalität zu kanalisieren, in Willenskraft, um seinen Weg gehen zu können. Auch Übungen zur Verbindung zwischen Sex und Herz sind sehr heilsam und erweitern noch die Intensität der sexuellen Lust und Befriedigung.

4. Leidenschaft und Macht

Präsentation der Einzigartigkeit

Die Leidenschaft wird erweckt durch Produktivität und einen in vollkommen echter Weise die Individualität spiegelnden Auftritt als Besonderheit.

Man möchte herausragen, gekürt werden aufgrund seiner einmaligen Qualitäten, für die man sich als erstes selbst zum König krönen muss. Dabei darf keine Eigenschaft abgegrenzt werden, sondern sollen auch die bisher verborgen gehaltenen Gesellen aus dem inneren Repertoire zur Sprache und zum Ausdruck gelangen können.

Man verfügt über ein hohes Maß an Willenskraft und Kompromisslosigkeit, um seine Individualität zu entfalten und sein Leben bewusst Abbild derselben werden zu lassen. Macht wächst in dem Maße an, als man es wagt, ohne jede Einschränkung seine innere Welt zu erkunden und unterschiedslos in eine sichtbare Form zu bringen, als man Herrscher über sein Leben wird durch zunehmende Selbsterkenntnis und die Bereitschaft, es mit Eigenständigkeit und realem Selbstbewusstsein zu managen und zu führen.

Man kann dazu auch machtvolle oder tabuisierte Unternehmen leiten, mit deren Hilfe Wirkung gezeigt wird oder man sich um Lebensbereiche kümmert, die bei einem selbst und - in Projektion - in der Gesellschaft gerne ausgeklammert und unter den Teppich gekehrt werden.

5. Lieblingsprojektionen

Menschen, die durch ihr Handeln, ihre Unternehmen, ihre Eigenständigkeit Macht und Einfluss haben, Manager, Selbständige; Egoisten, Selbstherrliche; Gewalttätige im

Zeichen der Macht und Herrschaft (in einem Unternehmen etc./ auch im Ausleben des Lebenstriebes durch Sexualität); gewaltvolle Demonstration von Männlichkeit.

Auf körperlicher Ebene als Zeichen der passiven Manifestation: Erkrankungen des Herzens als Folge zu fixer Bindungen, zu fester Vorstellungen, denen man sein Leben/seine Lebendigkeit unterordnet. Krampfartige Beschwerden des Herzens bis hin zum Herzinfarkt als endgültiger Sieg des Bildes, das man vom Leben hat, über dessen Wirklichkeit. Erkrankungen der Geschlechtsorgane, Blase, des Enddarms aufgrund von Problemen mit der echten Selbstentfaltung und des Aufbaus eines entsprechend realen Selbstbewusstseins.

Konkrete Förderungen der Pluto/Sonne-Persönlichkeit

- Jede Form der Selbsterforschung

- Kunst und Kreativität, um tief in sich hineinzufinden und sich auszudrücken - und zwar alle Seiten, die dabei auftauchen

- Selbsterforschung durch tiefgehende Betrachtung ihrer geschaffenen Werke

- Unternehmen, die alles abfordern, die versteckten Wesensmerkmale offenlegen, sich im tabuisierten Bereich bewegen und die eigene Macht erkennen lassen

- Die verdrängte Seite des gewalttätigen Allherrschers, des Kaisers Nero in sich erkennen und ins

Selbstbild aufnehmen

- Sie als Ausgangspunkt für die Fähigkeit zu kompromissloser, echter Selbstentfaltung nutzen und/oder bestimmte kreative Ausdrucksformen dafür finden (Kunst, Spiele etc.)

- Reintegrationsarbeit durch jede Art des schöpferischen Selbstausdrucks und der Präsentation der dabei entdeckten Einmaligkeit leisten

- Sich exzessiv produzieren und zur Show stellen, auch mit ihrer horrorhaften Seite

- Den mächtigen König, den grausamen Herrscher, den Schwarz-Magier spielen (in seiner Phantasie oder kreativen Werken)

- Macht durch unzensierte Selbstentfaltung und daraus resultierendes reales Selbstbewusstsein und Souveränität gewinnen
- echte Selbstentfaltung um jeden Preis.

- Schamanistische Rituale

- Taoistische und tantrische Energiearbeit

- Übungen zur Verbindung von Sex und Herz

ÜBUNGEN E

1. Wie kann die Leidenschaft und das intensive Wesen der Sonne/Pluto-Persönlichkeit am besten entfacht werden?

2. Wie kommen Personen mit folgenden Konstellationen in Kontakt mit ihren verdrängten Seiten:

a. Pluto im Löwen im 3. Haus?

b. Pluto im Löwen im 11. Haus?

c. Pluto im Löwen im Quadrat zu Mars im Stier?

d. Pluto im Löwen im 7. Haus?

6. PLUTO - JUNGFRAU-MERKUR

Tierkreiszeichen Skorpion im 6. Haus / Tierkreiszeichen
Jungfrau im 8. Haus
Pluto in der Jungfrau (Merkur im Skorpion)
Pluto im 6. Haus (Merkur im 8. Haus)
Aspekte zwischen Merkur und Pluto

Essenz

Reintegrationsarbeit und Macht mit Hilfe von Vernunft,
Analyse und Arbeit.

Grundspannung

Wahrheitssuche um jeden Preis, Leidenschaft, Orientierung am Extremen, an den Abgründen --- Vernunft, op-
timale Verwertung der gegebenen Lebensumstände, Analyse, Dienstbarkeit, Arbeit.

Lösung

Wahrheitssuche, Echtheit und Intensität mit Hilfe von
Analyse, Vernunft und Arbeitsaufwand.
Fähigkeit zu dienen und seine Arbeit zu tun durch Leidenschaft, Kompromisslosigkeit und Wiederverbindung mit
seinen schwarzen Abgründen.

Selbstbild

Ich benutze meinen Verstand, meinen rationalen Geist und meine analytische Klarheit, bin bereit zu arbeiten und meinen Dienst zu leisten, daher kann ich in meine inneren Tiefen hinabsteigen und intensive Wandlungen durchleben.

1. Art und Ort des Forschens

Analyse/Alltag

Die Pluto/Merkur-Persönlichkeit geht sehr methodisch, pedantisch genau und analytisch bei ihrer Form der Forschungsarbeit vor. Die Ergebnisse müssen von realem Nutzen und im Alltag anwendbar sein.

Sie zerlegt bis in die kleinste Einzelheit und wendet sehr viel Arbeit und Perfektionismus auf, um in die hintersten Ecken und Winkel einer Sachlage oder ihrer selbst vordringen zu können. Dabei wird mit klarem Menschenverstand, rationellem Geist und bewusster Strategie gearbeitet.

Bestandteil ihres forschenden Wesens kann ihre Arbeit, können Alltagsgeschehnisse und vor allem die Zusammenhänge zwischen innerer seelischer Befindlichkeit und dem Gesundheitszustand sein.

2. Tief verdrängte Inhalte

Masochismus / (Ohn)Macht durch Arbeit

Die grundlegende Verdrängung der Pluto/Merkur-Persönlichkeit liegt im Bedürfnis, ein Aschenputteldasein zu führen, sich prügeln zu lassen und völlig mit dem ganzen Wesen zu Diensten zu sein.

Es liegt eine ausgeprägter Devotismus in dieser Konstellation, ein Verzicht auf jedes Eigenleben, um sich einer Sache oder Person in seiner Gesamtheit auszuliefern und zur Verfügung zu stellen. Die Außenwelt wird fast schon dazu eingeladen, einem auszunutzen und den letzten Blutstropfen herauszupressen.

Man will nichts aus sich heraus schaffen und bewerkstelligen, sondern macht sich zum reinen Befehlsempfänger, buckelt und will sich nur an die Bedürfnisse anderer anpassen oder zum Sklaven seiner Arbeit werden. Die zweite Seite dazu, die genauso im Dunkeln liegt, ist das Bedürfnis, sich nur bedienen und die anderen die Arbeit tun zu lassen.

Auch der Wille, durch seine Arbeit Macht zu erhalten und für sich auszunützen, gehört in den verdrängten Bereich dieser Konstellation, ebenso wie der Drang, mit Hilfe seiner analytischen Fähigkeiten oder seinem Können auf dem Gesundheitssektor andere zu beherrschen und zu manipulieren.

Außerdem zählt jede Form der eiskalten, rationalen Berechnung zu den häufig abgespaltenen Inhalten der Pluto/Merkur-Persönlichkeit.

3. Art der Reintegration und Wandlung

Vernunft und Analyse

Möchte die Pluto/Merkur-Persönlichkeit wieder Verbindung zu ihrer im Verborgenen liegenden Seite gelangen, so muss sie dazu ihren rationellen Geist, ihre Vernunft und ihr analytisches Können entwickeln und einsetzen. Sie kann am besten vom Kopf her in ihr Inneres vordringen und den unbewussten Teil ihres Wesens in sich wiederfinden.

Ein nahe liegender Bereich stellt auch ihre Arbeit dar, in die sie sich exzessiv hineinsteigern und dadurch bisher unbekannte Anteile ihrer Persönlichkeit kennenlernen kann.

Die gesamte Thematik von Gesundheitsvorsorge und Gesundheitsbewusstsein, insbesondere der Verbindung zwischen Psyche und körperlichem Befinden, zwischen der Fähigkeit zu Psychohygiene und innerer Aufgeräumtheit einerseits und Krankheit andererseits gibt einen wesentlichen Sektor ab, der zum inneren Wiederkontakt mit dem Unbewussten beiträgt.

Wichtig zur Wandlung ist die Entwicklung ihres Unterscheidungsvermögens, zu erkennen und umzusetzen, was ihr wirklich gut tut, um ihre Gesundheit auf allen Ebenen zu erhalten bzw. wiederherzustellen. Pluto gibt ihr die Totalität, um rigoros auseinander zu sortieren, was ihrem Wesen entspricht und ihr Wohlbefinden steigert und was nicht. Aufgabe ist es dabei, flexibel zu bleiben, und nicht über Jahre dasselbe zu tun, weil es mal als richtig erkannt worden ist, sondern immer wieder genauestens zu prüfen, ob frühere Entscheidungen jetzt im Moment immer noch stimmig sind, und wenn nicht, erneut zu verabschieden, was als Unterstützung ausgedient hat.

Jungfrau-gemäß sind auch alle Methoden der Achtsamkeits- und Reinigungsübungen, um diese Konstellation immer wieder von Grund auf zu verändern und zu einem neuen Menschen zu werden - indem man neu und noch klarer sich und die Welt wahrnimmt.

4. Leidenschaft und Macht

Dienstbarkeit

Ein wichtiger Faktor, der die Leidenschaft der Pluto/Merkur-Persönlichkeit erweckt, ist ihre Art des Dienens, ihre Möglichkeit, sich für eine Person oder Sachlage stark zu machen, ohne deshalb etwas für sich zurückzufordern. Durch ihre extreme Hingabe, fast schon Selbstaufopferung für diesen Dienst kann sie Raubbau an ihrem Körper und ihrer Gesundheit betreiben, insbesondere wenn sie dem Workaholismus verfällt.

Eine weitere Leidenschaft stellt die Tiefenanalyse und das mikroskopische Zerlegen und Auseinandernehmen einer Sache, einer Person oder eines Problems bis ins letzte Detail dar. Die Pluto/Merkur-Persönlichkeit kann sich voller Perfektionismus in das Auseinanderdividieren und damit intensive geistige Erforschen des gerade erwählten Objektes hineinsteigern, das immer in Verbindung mit der Arbeit oder der Möglichkeit stehen wird, aus dem Alltag und den Lebensgeschehnissen das Beste herauszuholen.

Zwei weitere Lebensgebiete, die das leidenschaftliche Element entfachen, sind der innere und äußere Reinigungswunsch bis -zwang sowie ein intensives Gesundheitsbewusstsein, das Bedürfnis, durch Tiefenforschung und Wiederverbindung heil und ganz zu werden und im Einklang mit beiden Seiten des Lebens zu stehen.

Die Pluto/Merkur-Persönlichkeit verstärkt ihre Macht, indem sie sich eine Arbeit sucht, der sie sich vollkommen verschreiben kann und die sie in die Tiefen ihres Wesens führt.

5. Lieblingsprojektionen

Workaholics, Menschen mit Putzfimmel und Reinigungszwang; extreme Perfektionisten; Menschen, die ohne Ende jede Sache bis zum Exzess durchanalysieren; extrem berechnende Menschen, die nur an den Output einer Sache denken. Hypergesundheitsapostel und -fanatiker.

Auf körperlicher Ebene als Zeichen passiver Manifestation: Blähungen, jede Form der Erkrankung des Darmtraktes, besonders Krämpfe, und insbesondere als Folge von Verbissenheit, Fixierung, zu festen Vorstellungen, extremem Kontrollbedürfnis. Erkrankungen von Geschlechtsorganen/Enddarm/Blase als Folge mangelnder Verarbeitung der Lebensereignisse und Schwierigkeiten im Bereich der Arbeit.

Konkrete Förderungen der Pluto/Jungfrau-Merkur-Persönlichkeit

- Jede Möglichkeit der Tiefenanalyse, der analytischen, exakten Erforschung einer Sache, Person oder ihrer selbst

- Arbeit, analytische Fähigkeiten und Gesundheitsbewusstsein für die Wiederverbindung mit dem Abgespaltenen einsetzen

- Sich ihren versteckten Wunsch nach Masochismus, Devotismus oder das Bedürfnis, sich voll und ganz bedienen zu lassen, nach Macht durch ihre Arbeit und Dienstbarkeit eingestehen und in ihr Selbstbild aufnehmen

-   Durch ihren inneren und äußeren Reinigungszwang in Kontakt mit dem Unbewussten kommen (Psychohygiene, Fasten, Sauna etc.)

-   Mit Hilfe ihres rationellen und analytischen Geist nach unten dringen

-   Eine Arbeit wählen, in der ihr Forscherdrang, ihre Kompromisslosigkeit, Intensität, Wertfreiheit, ihre Echtheit und ihr Drang, aufzuklären gefragt sind

-   Eine Tätigkeit verrichten, mit deren Hilfe sie immer wieder an ihre Grenzen gelangt und diese überschreiten muss

-   Gesundheitsbewusstsein mit Reintegrationsarbeit verbinden

-   Sich vollkommen ihrer Arbeit, ihrem Dienst in diesem Leben verschreiben.

ÜBUNGEN F

1. Wie können Menschen mit folgenden Konstellationen am besten wieder Verbindung zu ihren abgespaltenen Seelenanteilen herstellen:

a. Pluto in der Jungfrau im 9. Haus?

b. Pluto in der Jungfrau im 10. Haus?

c. Pluto in der Jungfrau im 11. Haus?

d. Pluto im Stier im 6. Haus?

e. Mond im Schützen im Quadrat zu Pluto in der Jungfrau?

7. PLUTO - WAAGE-VENUS

Tierkreiszeichen Skorpion im 7. Haus / Tierkreiszeichen
Waage im 8. Haus
Pluto in der Waage (Venus im Skorpion)
Pluto im 7. Haus (Venus im 8. Haus)
Aspekte zwischen Venus und Pluto
Aspekte zwischen Pluto und DC

Essenz

Reintegrationsarbeit und Macht durch intensive Partner-
schaften und seine Attraktivität, seine Entfaltung von Ge-
schmack und Schönheitssinn.

Grundspannung

Feste, ausschließliche "Dracula"bindung --- freundliches,
harmoniebedürftiges Entgegenkommen voller Ausgleich
und Kultiviertheit.
Suche nach dem Extremen, Gruseligen --- Suche nach
dem Schönen, Friedlichen.

Lösung

Absolute Fixbeziehung, in der auch Harmonie möglich ist.
Das Schöne im Gruseligen, in der Grenzüberschreitung
sehen.
Inneres Gleichgewicht durch die Integration der dunklen
Seite herstellen

Selbstbild

Ich kenne und lebe meine Beziehungsform und habe für mich Attraktivität definiert und verwirklicht, daher kann ich tief in den unbewussten Teil meines Wesens vordringen und mich wandeln.

1. Art und Ort des Forschens

Die Begegnung

Die Pluto/Venus-Persönlichkeit folgt ihrem Forscherdrang am liebsten zu zweit oder zumindest sehr ungern alleine. Lieblingsgebiet ist natürlich jede Form von Beziehungen, von Interaktionen zwischen ihr und ihren Mitmenschen.

Im Wissen, dass der Partner das exakte Abbild der eigenen Beziehungsmuster ist oder die Ergänzung von nicht selbst umgesetzten Seiten dieses Lebensbereiches darstellt, kann er als ehrliches, nicht zu leugnendes Spiegelbild jederzeit erfasst und "untersucht" werden.

Die Pluto/Venus-Persönlichkeit bohrt eigentlich nur tief, wenn es um die Partnerschaft und ihr Beziehungsverhalten geht. Ansonsten nimmt sie eher Abstand von den Höhlen und Schluchten, die sich unter ihr öffnen könnten, will sie lieber im Schönen schwelgen, als sich mit den Abgründen ihres Innersten auseinanderzusetzen.

2. Tief verdrängte Inhalte

(Ohn)Macht in der Partnerschaft

Der hauptsächlich verdrängte Grundtrieb der Pluto/Venus-Persönlichkeit liegt in der langsamen, aber sicheren Auf-

und Aussaugung des Partners, wobei sich der Vergleich mit dem Verspeisen eines Spinnenmännchens durch das Weibchen aufdrängt.

Es geht um das Bedürfnis, den anderen mit Haut und Haaren an sich zu binden und ihn mit subtilen Methoden zu unterjochen und zu dominieren. Man stelle sich eine in Leder gekleidete Lady vor, die schwarze Peitsche schwingend, ohne Erbarmen für ihr Opfer, das (gerne) winselnd am Boden vor ihr liegt und auf seine gerechte Strafe für Ungehorsam (z. B. Aufmerksamkeit für einen anderen) wartet.

Wie bei jeder Plutokonstellation können beide Rollen gespielt werden. Sie gehören zum gleichen Grundmuster und auch zum gleichen Menschen. Täterschaft und Opferschaft sind letztendlich eins. Erstens werden die Rollen von Beziehung zu Beziehung oder, weiter gefasst, von Leben zu Leben, getauscht und zweitens ist jeder Täter nur solange in seiner Rolle lebensfähig wie es das Pendant des Opfers dazu gibt. Es besteht somit eine gegenseitige Abhängigkeit.

Die Pluto/Venus-Persönlichkeit beharrt auf absoluter Ausschließlichkeit und ergreift entsprechend hundertprozentig Besitz von ihrem Auserwählten. Sie ist eifersüchtig bis aufs Blut und träumt von bestialischen Racheplänen und Morden, um eventuelle Fehltritte oder selbst nur Fehlblicke ihres Partners zu bestrafen, um ihm ein für alle Mal klar zu machen, dass sie die alleinige Bezugsperson ist.

Für sie bedeutet das Eingehen einer Partnerschaft gleichzeitig ein Pakt der absoluten Bindung, der garantierten Nichtauflösung. Diese Bindungsart geht tief, schneidet ins Seelenfleisch des anderen und lässt Ehegelübde (die offizielle Bindung und Sicherheit) äußerst blass erscheinen. Hier geht es um eine verschworene Einheit, um unsichtbare, aber dafür umso haltbarere Bande, bei deren

Durchschneiden mit seelischer Vernichtung gedroht wird.

3. Art der Reintegration und Wandlung

Die Einverleibung des Partners

Will die Pluto/Venus-Persönlichkeit mit ihrer dunklen Seite Bekanntschaft machen, so eignet sich dafür an erster Stelle die absolute Beziehung, auf die sie sich ohne Wenn und Aber einlässt. Dies ist ein Lernprozess, da aus Angst vor der tief unten erahnten Leidenschaft und dem Drang nach Besitzergreifen und Dominanz (die auch beim anderen -als Projektion- befürchtet wird) die Kontrolle ihrer Liebesgefühle meist lange Zeit oder immer bevorzugt wird.

Eine häufige Art der Kontrolle stellt ein klares Bild, eine feste Vorstellung von sich als Partner, vom Partner und von der Form der Beziehung dar. Jede Gefühlsregung, die nicht in dieses Raster passt, wird vor ihrem Aufsteigen ins Bewusstsein im Keim erstickt und damit zum Tode verurteilt. Dieser Vorgang ist der Pluto/Venus-Persönlichkeit dann nicht mehr bewusst.

Die Grundforschung sollte daher in Richtung dieser fixen Vorstellungen gehen, die das brodelnde Leben dieser Konstellation unmöglich machen. Statt dieser Selbstkontrolle (und damit auch automatisch der Kontrolle des Partners, der ebenso in das Modell eingepfercht werden soll) gilt es langfristig, sich auf die immense Wandlungskraft, die hier im Beziehungsbereich zur Verfügung steht, einzulassen und die Kontrollvorstellungen langsam ad acta zu legen. Dazu muss man Angst und Misstrauen verlieren, letztendlich natürlich vor sich selbst. Daher bedarf es der Partnerschaft mit sich, des Aufbaus einer Liebesbeziehung zwischen seiner hellen und unbewussten Seite.

Das kann am leichtesten in Verbindung mit dem Partner geschehen, ist aber auch in intensiver Arbeit mit sich selbst, in bewusstem Bedürfnis nach der Intensivierung dieser inneren Beziehung ohne eine äußere Bindung machbar.

Die dabei neu errungene innere Erweiterung und Selbsterkenntnis wird sich auf jeden Fall sehr förderlich in der (unbewusst gestalteten) Wahl des nächsten Partners auswirken.

Je totaler und echter man es wagt, sich in eine Beziehung einzubringen, je weniger Sicherheit man für die höchstmögliche Intensitätsstufe verlangt, umso mehr erhält man als Belohnung (Plutos) reale innere Macht über sich und die Möglichkeit, sich durch das Wiedereinbinden bisher unerschlossener Gebiete und Kräfte in seinem Inneren tief zu wandeln. Diese Wandlung kann auch durch künstlerischen Ausdruck insbesondere seiner dunklen Seite vertieft und bewusst vorangetrieben werden.

4. Leidenschaft und Macht

Die totale Beziehung

Die höchste Leidenschaft wird hier entfacht durch die Eroberung und die Besitznahme des erwählten Partners sowie den Aufbau einer Beziehung, die exakt den eigenen Vorstellungen entsprechen soll.

Weiterführend wäre die Bereitschaft, sich unbesehen und ohne Einmischung, ohne Zensur gemeinsam in die verborgenen Abgründe hinab zu begeben und sich damit gegenseitig darin zu unterstützen, die Kontrolle zu verlieren und im Arm der Liebe des anderen sich mit Seiten des Inneren zu konfrontieren, deren Anblick sehr viel Mut abfordern.

Dabei stellt es ein Wechselspiel dar: das Maß an Liebe zu sich bedingt den Grad an liebevoller Unterstützung des anderen und dessen Fähigkeit, einem durch Akzeptanz und Zuneigung beim Prozess der Einverleibung der eigenen Wesensmerkmale ins Bewusstsein und ins Selbstbild zur Seite zu stehen.

Macht und Selbstbestimmung wächst entsprechend der Wiederherstellung der inneren Verbindung zum Unbewussten mit Hilfe der liebenden Unterstützung des Partners. Voraussetzung für diese ist jedoch - wie immer - die Vorarbeit, dies zuerst schon einmal mit sich selbst getan zu haben (Selbstliebe).

Je geringer der Anteil an angstvoll auf den anderen projizierten eigentlich eigenen dunklen Seelenanteile ist, umso weniger bedarf es der damit verbundenen Streitereien und Machtkämpfe und die Partner können sich mehr und mehr darauf konzentrieren, gemeinsam innere Erforschung zu betreiben und Vermählung mit den verlorenen Seelenseiten zu feiern.

5. Lieblingsprojektionen

Eifersüchtige, Besitz ergreifende, krakenähnlich klammernde, dominierende, manipulierende, kontrollierende, aussaugende, auffressende Partner oder Mitmenschen allgemein; die Draculabeziehung.

Auf körperlicher Ebene als Zeichen der passiven Manifestation: Erkrankungen der Nieren, besonders Koliken, insbesondere bei zu extremem Klammern oder zu lebensfeindlicher Unterordnung seiner Liebesgefühle unter seine Vorstellungen. Erkrankungen der Geschlechtsorgane/Enddarm/Blase aufgrund von Partnerschaftsproblemen.

Konkrete Förderungen der Pluto/Waage-Venus-Persönlichkeit

- Partner und Partnerschaft als bestes Mittel nutzen, um sich tief kennen zu lernen und an ihre abgespaltenen Inhalte heranzukommen

- Ihre festen Vorstellungen, in die sie sich und den anderen einrastert, ergründen und hinterfragen

- Alle Leidenschaft in die Beziehung einbringen und durch den Partner entfachen lassen

- Die Kontrolle in Beziehungen verlieren, d.h. ihre fixen Vorstellungen loszulassen zugunsten echter Liebe, die wandeln darf

- Eine Ausschließlichkeitsbeziehung

- Selbsterforschung besonders bzgl. der Beziehungsmuster

- Sich den Drang zur Kontrolle und Dominanz, zur Gewaltanwendung gegenüber dem Partner eingestehen und ein bewusstes Ventil dafür finden (darüber reden, schreiben; Kunst; in den Phantasien zulassen und sich daran erfreuen)

- Den Einverleibungsprozess vom Partner auf die inneren verlustig gegangenen Seelenanteile umleiten (Sattheit durch sich und nicht durch ihn)

- Keine Kompromisse und Halbheiten innerhalb der Partnerschaft zulassen

- Sich einer Beziehung mit ihrem ganzen Wesen verschreiben

- Schönheit mit dem Drang nach Tiefe und Extremen verbinden

- Ihre Attraktivität auch in ihren Abarten, ihrer Echtheit und Totalität erkennen und ausbauen, in ihrer erotischen Ausstrahlung und Verführungskraft.

ÜBUNGEN G

1. Nennen Sie Beispiele, wie Menschen mit folgenden Konstellationen am besten Reintegrationsarbeit leisten können:
a. Pluto in der Waage im 5. Haus?
b. Pluto in der Waage im 12. Haus?
c. Pluto im Krebs im 7. Haus?
d. Pluto im Widder im 7. Haus?

2. Welche Vernichtungsphantasien würden Sie bei folgenden Konstellationen vermuten:
a. Pluto in der Waage im 2. Haus?
b. Pluto in der Waage im 10. Haus?

8. PLUTO - PLUTO

Tierkreiszeichen Skorpion im 8. Haus
Pluto im Skorpion
Pluto im 8. Haus

Essenz

Reintegrationsarbeit und Macht durch Wahrheit und
Echtheit um jeden Preis sowie Stirb und werde-Prozesse.

Grundspannung

Keine

Selbstbild

Ich bin bereit, mich mit allen in mir verborgenen Seiten zu
konfrontieren und sie ohne Einmischung und Unterscheidung wieder in mein Selbstbild aufzunehmen, deshalb
habe ich Macht über mein Leben und kann mich wandeln.

1. Art und Ort des Forschens

Im tiefsten Schwarz

Der Forscherdrang ist unter dieser Konstellation am
stärksten ausgeprägt und fühlt sich besonders von allem
Verbotenen, Geheimnisvollen, Verderbten und Verwerfli-
chen angezogen. Man will hinter die Kulissen sehen und

die wirkliche Essenz, die Tatsächlichkeit herausfinden, wie sie auch aussehen mag. Dazu ist jede Methode recht.

Die Pluto/Pluto-Persönlichkeit besitzt kriminalistischen Spürsinn, den sie als Täter oder Opfer einsetzen kann. Sie fühlt sich auch hingezogen zur Thematik des Todes, auf physischer oder psychischer Ebene, als ein Beispiel des Übergangs in eine andere, "neue" Welt, in eine neue Daseinsform, sei es nun noch hier auf Erden durch eine intensive Wandlung nach dem großen Schmerz eines Abschieds, oder durch die Lösung von seinem körperlichen Leib.

Ein weiteres wichtiges Forschungsgebiet könnte der unausweichliche Kreis des Lebens und jeder seiner Erscheinungsformen sein, die Einsicht, dass in jedem Anfang das Ende bereits beinhaltet ist, dass es keine gerade Linie gibt, kein Festhalten des Status quo, sondern das Leben eine Bewegung darstellt, die ein ewiger Kreislauf von Stirb und werde ist. Ohne Asche kein Phönix, der neugeboren in die Lüfte aufsteigt, in einen neuen Lebensabschnitt.

Für einen Plutonier ganz wesentlich ist außerdem die Erforschung und Aufdeckung seiner Schwüre, die er geleistet hat („ich bin meinem Partner in jedem Fall treu; ich will mich erst binden, wenn ich beruflich sicher bin; ich will erst dann ein Kind, wenn ich einen Mann mit genau diesen Eigenschaften dafür gefunden habe etc.") und die er weit über seine wirklichen Gefühle stellt (auch andere Menschen sexuell anziehend zu finden und dies auch eigentlich leben zu wollen; eine Partnerschaft aufbauen zu wollen, auch wenn es noch ein Jahr bis zum Berufsabschluss hin ist; ein Kind sich zu wünschen von dem derzeitigen Partner, obwohl er nicht ein eigenes Haus und einen regelmäßigen Beruf hat).

Diese typisch plutonischen Kontrollversuche sind oft nicht mehr im Gewahrsein und bestimmen doch so stark über sein Leben. Sie würgen so oft das wahre Empfinden und die pulsierende Lebendigkeit ab. Daher muss er tief in sich dringen und diese fixen Vorstellungen aufdecken, um die Plutonität in mutiger Leidenschaft ohne sicheren Boden leben zu lernen und die ihr eigene Veränderungskraft bewusst zuzulassen, um in der Intensität zum Leben zu erwachen, wie es nur durch die ständige Bereitschaft zum Tod (seelisch, geistig und im Verhalten) möglich ist.

2. Tief verdrängte Inhalte

Machtwillen

Die Pluto/Pluto-Persönlichkeit verlangt in ihrem tiefsten Inneren nach der absoluten Macht und Herrschaft. Sie will die Welt unter sich, unter ihren Füßen liegen sehen, will alleine ganz oben stehen mit Hilfe von Grausamkeit, Sadismus und Brutalität, mit langsamen Folterungen ihrer Widersacher, bis diese in ihrem eigenen Blut ersticken und den Tod der Marter und mittelalterlichen Qual sterben.

Der sadistische Inquisitor passt ebenso in dieses Bild wie der blutleer saugende Vampir, der nur auf Kosten anderer existieren kann und sich an deren Ängsten und Schmerzen weidet.

Jede Abart, die es auf dem Markt gibt, wohnt in der schwarzen Seele der Pluto/Pluto-Persönlichkeit und muss in die Bewusstheit gebracht werden, muss eine klare Bühne erhalten und in irgendeiner Weise in ihrem Leben Einzug erhalten und atmen dürfen. Der Kampf dagegen im Inneren heißt die Ergänzung dieser Seite von außen zu erhalten durch Gewalt, Schocks, Traumata und unbegreiflich erscheinende schreckliche Schicksalsschläge.

3. Art der Reintegration und Wandlung

Kontrollverlust

Es eignet sich jede Form an Therapie, die einem in Kontakt mit seiner exzessiven, finsteren Seite bringt (totale Körperarbeit, exzessiver Sport, tabuloser Sex, plutonische Partnerschaft, lebensgefährliche Jobs, Kriminalität (als Opfer, Täter, Aufdecker), intensive Phantasiereisen usw.).

Förderlich ist die Beschäftigung mit Grenzerfahrungen, Grenzgebieten, Bereichen, in denen man gezwungen ist, die Kontrolle zu verlieren und/oder in Kontakt mit seinem in Wahrheit vorhandenen Machtwillen zu gelangen, der umgesetzt werden kann, um in sich zu bohren und verloren Gegangenes wieder an die Oberfläche zu bringen, der wesentliche Punkt der plutonischen Heilung, des inneren Zusammenwachsens.

Dadurch wird die Pluto/Pluto-Persönlichkeit zunehmend zur Alchemistin. Hat sie den inneren Sumpf erst mal kennengelernt und in ihr Selbstverständnis integriert, geschieht schon automatisch Wandlung, die durch jede Form von Transformationsarbeit fortgeführt werden kann. Sie erkennt, dass Leben und Sterben eine Einheit sind und entwickelt immer mehr die Bereitschaft, freiwillig loszulassen, überholte Bindungen zu verabschieden und die leer gefegte Lebens-Plattform für eine Neugeburt willkommen zu heißen und zu nutzen.

4. Leidenschaft und Macht

Horror und Tiefe

Leidenschaft beginnt für die Pluto/Pluto-Persönlichkeit da, wo sich die meisten Menschen abwenden und nichts davon hören und sehen, es nicht erfahren und erfühlen wollen.

Dort erst wird es für sie erst interessant und ihre intensive Lebensart wird angesprochen und erweckt.

Macht wächst mit dem Maß, in dem sie bereit ist, ihre verborgenen finsteren Facetten, die bei jedem anders aussehen, in ihr bewusstes Reich wieder aufzunehmen, wie sie sich vorbehaltlos dafür öffnet, in jedem Moment ihres Lebens zu sterben und wieder aufzuerstehen.

5. Lieblingsprojektionen

Jede Machtinstanz; Gewalt, Sadismus, Tod, Aussauger; vorstellungsfixierte Menschen. Alles, was kollektiv verdrängt und tabuisiert ist.

Auf körperlicher Ebene: Krämpfe, Erkrankungen von Enddarm, Blase und Geschlechtsorganen; Entstellungen; Hämorrhoiden.

Konkrete Förderungen der Pluto/Pluto-Persönlichkeit

- Jede Art der Reintegrations-=Schattenarbeit

- Dabei ihre gruseligsten Seiten in sich konfrontieren und bewusst kanalisieren (Mut zum Bruch von

Tabus und Sicherheiten, Kontrolle verlieren, im künstlerischen Ausdruck).

- Konfrontation mit dem Tod und der Gesetzmäßigkeit des Kreises im Leben (Geburt, Blüte, Verfall, Tod, Wiedergeburt)

- Totale Bindung an eine Person oder Sache unter Zurückstellung der subjektiven Wünsche

- Ihre festen Vorstellungen und Schwüre aufdecken, denen sie ihr Leben unbewusst unterstellt und unterjocht

- Grenzerfahrungen, sich fallen lassen, loslassen, Leidenschaft zulassen

- Jeden Moment zu sterben und wieder aufzuerstehen.

ÜBUNGEN H

1. Welche verdrängten Seiten würden Sie bei folgenden Konstellationen vermuten? Wie könnten sie am besten an die Oberfläche gebracht werden?
a. Pluto im Skorpion im 1. Haus?
b. Pluto im Skorpion im 4. Haus?
c. Pluto im Löwen im 8. Haus?
d. Pluto im Skorpion im 9. Haus?

9. PLUTO – JUPITER

Tierkreiszeichen Skorpion im 9. Haus / Tierkreiszeichen
Schütze im 8. Haus
Pluto im Schützen (Jupiter im Skorpion)
Pluto im 9. Haus (Jupiter im 8. Haus)
Aspekte zwischen Pluto und Jupiter

Essenz

Reintegrationsarbeit und Macht durch Bildung, Weisheit
und Bewusstseinsstand.

Grundspannung

Drang in die Tiefe --- Drang in die Höhe und Weite
Bedürfnis nach Intensität und Echtheit --- Bedürfnis nach
Glück und Erfüllung

Lösung

Hinabschreiten in die innere Finsternis und Wandlung mit
Hilfe von Bildung, Weisheit, seiner Lebensphilosophie
und Religionsverständnis.
Bewusstseinserweiterung, Erfüllung und Expansion mit
Hilfe seiner kompromisslosen, wertfreien Kontaktauf-
nahme mit seinen abgespaltenen Wesensanteilen.

Wunde

Gefesselt von einem religiösen/spirituellen/bildungsmäßigen Leitbild, von seinen fixen Vorstellungen in besagten Bereichen.

Heilung

Zu fixe, lebensabschnürende Weltbilder und religiöse Sichtweisen loslassen zugunsten einer leidenschaftlichen, die dunkle Seite des Lebens einschließenden, aber dennoch wandlungsfähigen Lebensphilosophie.

Selbstbild

Ich habe eine positive Lebenseinstellung und verfüge über Bewusstheit sowie mein eigenes Weltbild und Religionsverständnis, bin offen für Erweiterung und Weiterentwicklung, daher kann ich tief in mein Wesen eindringen, meine unbekannten Seiten kennenlernen und mich von Grund auf wandeln.

1. Art und Ort des Forschens

Höhere Geistigkeit

Die Pluto/Jupiter-Persönlichkeit forscht mit Hilfe ihrer Bildung und ihres Bewusstseinsstandes. Sie will immer tiefer den Sinn des Lebens ergründen und sich daraufhin ihr eigenes Weltbild entwerfen.

Eine wichtige Fundgrube dafür sind fremde Länder, Kulturen und Religionen, die eigene Göttlichkeit, stellt jegliche Art von Weiterbildung, und Lebensphilosophie dar.

Die Pluto/Jupiter-Persönlichkeit erforscht sich und das Leben, um mehr Zufriedenheit und Lebensfreude erfahren zu können. Sie geht dabei sehr positiv, zuversichtlich und selbstüberzeugt vor. Sie lässt sich nur auf Tiefgänge ein, wenn sie sicher ist, dadurch ihrem Bedürfnis nach Expansion und Lebenssinn, nach Glück und Erfüllung Genüge tun zu können. Dann kann sie mit viel Missionsgeist und Sendungsbewusstsein der Suche nach mehr Echtheit und Intensität im Leben nachgehen.

2. Tief verdrängte Inhalte

(Ohn)Macht durch Weisheit und Bewusstheit

Hier ruht ein religiöser und geistiger Machthaber im Verborgenen, der alle Mittel nutzt, um andere in den Bann der eigenen philosophischen oder religiösen Vorstellung zu ziehen und darin einzubinden.

Dies kann durch ein Gurutum der neueren Zeit entstehen oder sich als religiöser Fanatismus in den konventionellen Kirchen wie auch den anderen Formen des Gottesverständnisses zeigen.

Die Pluto/Jupiter-Persönlichkeit will mit ihren Einsichten, ihrer Bildung oder ihrem Bewusstseinsstand herrschen und unterjochen, will ihre "Untertanen" in ihre geistige Richtung zwingen und dort festhalten.

Auch die spirituellen Extremisten, die glauben, das esoterische Wissen für sich gepachtet zu haben und unbedingt ihre Umgebung von ihrer Weltanschauung überzeugen zu müssen, zählen in diesen Reigen der inneren dunklen Gestalten.

Vielleicht will man nicht nur Gewalt gegen Andersdenkende und -gläubige, sondern auch Ausländer verüben und sich damit von allen entledigen oder sie in Ketten legen, die sich erdreisten, einer anderen Überzeugung anzuhängen.

Ebenso zu dieser Konstellation gehören die Kreuzritter, die religiösen Fundamentalisten, Inquisitoren und Ketzerverbrenner.

3. Art der Reintegration und Wandlung

Sinnsuche und Erkenntnisse

Die durch Erforschung von sich und dem Leben entstandene eigene Form der Weisheit, Religiosität und Weltanschauung hilft der Pluto/Jupiter-Persönlichkeit, wieder in Verbindung mit ihrem verdrängten Wesen zu gelangen.

Der Drang, den Sinn des Lebens auszumachen, indem man den Hintergrund jeder Begebenheit und jeder Begegnung untersucht und herausfindet, bringt sie jedes Mal ein Stückchen tiefer hinab in ihre unbewussten Seiten.

Auch jede Art der geistigen Weiterentwicklung, der Weiterbildung und Bewusstseinserweiterung erweisen sich als Hilfen, um verloren gegangene Inhalte wiederzuentdecken und ins Bewusstsein aufzunehmen.

Zudem dienen Reisen und Kontakte mit anderen Kulturen, Religionen und Weltbildern dazu, tief in sein Innerstes vorzustoßen. Dies kann auch durch entsprechend intensive Phantasiereisen bewerkstelligt werden.

4. Leidenschaft und Macht

Die Mission und die Erweiterung

Die Leidenschaft der Pluto/Jupiter-Persönlichkeit wird durch eine emsige, nie enden wollende Sinnsuche erweckt. Die gleiche Funktion erfüllen Weiterbildungen, Maßnahmen zur Bewusstseinserweiterung und jede Art der Erweiterung und Expansion.

Hat sie ihre Form des Weltbildes gefunden, macht sie sich verbissen ans Werk, auch andere davon zu überzeugen und zu ihren Anhängern zu machen. Sie findet in diesem Missionszwang wie auch in dem ständigen Forschen danach, wie das Leben funktioniert, sowie in dem Ergründen ihrer tiefen inneren Seiten ihre Erfüllung, ihr Glück und ihre Zufriedenheit.

Macht und Selbstbestimmung wachsen in dem Maße, wie eine eigene Lebensphilosophie gefunden wurde und Offenheit für Weiterentwicklung und Expansion besteht.

5. Lieblingsprojektionen

Gurus, Sekten, Religionsfanatiker, Missionare, Kreuzritter, geistige Extremisten, machtvolle Bildungswesen und Ausbilder; Menschen, die geistig bevormunden.

Auf körperlicher Ebene als Zeichen passiver Manifestation: Erkrankungen der Leber, der Hüfte, im Oberschenkelbereich insbesondere bei zu extremer Gebundenheit an sein Weltbild und religiöses Denken; Erkrankungen von Geschlechtsorganen/Enddarm/Blase aufgrund von Schwierigkeiten, seinen Sinn im Leben zu finden, Glück zuzulassen und sich weiterzuentwickeln.

Konkrete Förderungen der Pluto/Jupiter-Persönlichkeiten

- Ihren Forschergeist zur Sinnsuche, Weiterbildung und Bewusstseinserweiterung einsetzen

- In sich und im Leben forschen und sich wieder mit verdrängten Inhalten verbinden, um Erfüllung und Zufriedenheit zu finden

- Fremde Kulturen, Religionen und Weltbilder erforschen

- Sich ihr meist unterdrücktes Bedürfnis nach Mission durch Gewalt oder subtiler Dominanz und Manipulation eingestehen und dieses direkt ausdrücken (Schreiben, Reden, Kunst) und/oder es zur Erforschung des Lebenssinns nutzen

- Den furchtbaren Guru und Kreuzritter in sich an die Oberfläche bringen und einen unschädlichen Kanal finden (kreativer Ausdruck etc.)

- Inneres Wieder-Zusammenwachsen von Gut und Böse, von Licht und Schatten, von Bewusstem und Verdrängten durch Weiterbildung, Maßnahmen zur Bewusstseinserweiterung, Erkenntnisse sammeln wie auch Lehrer und Dozent sein, durch Reisen in ferne Länder oder ihr tiefes inneres Reich.

ÜBUNGEN I

1. In welche Richtung kann die Pluto/Jupiter-Persönlichkeit am besten ihren Forscherdrang lenken?

2. Wie kommt sie bei folgenden Konstellationen am besten an ihre verdrängten Inhalte heran:
a. Pluto im Schützen im 2. Haus?
b. Pluto im Schützen im 11. Haus?
c. Pluto im Widder im 9. Haus?
d. Pluto in den Zwillingen im 9. Haus?

10. PLUTO - SATURN

Tierkreiszeichen Skorpion im 10. Haus / Tierkreiszeichen
Steinbock im 8. Haus
Pluto im Steinbock (Saturn im Skorpion)
Pluto im 10. Haus (Saturn im 8. Haus)
Aspekte zwischen Pluto und Saturn
Aspekte zwischen Pluto und MC

Essenz

Reintegrationsarbeit und Macht durch Ordnung, Stabilität
und Beruf.

Grundspannung

Wandlung, Bereitschaft zum Abschied, absolute Echtheit
--- Stabilität, Erhalten des Status quo.

Lösung

Die Wandlung als stabilen Faktor im Leben die erkennen.
Wandlungen in sich erfahren durch Übernahme von lang-
fristiger, dauerhafter Verantwortung, durch langsamen,
geduldigen Aufbau einer Sache.

Wunde

Machtmissbrauch durch Autoritäten

Heilung

Selbst zu seiner Autorität, zu seinem Gesetz, zu seiner Stabilität im Leben werden.

Selbstbild

Ich schaffe Ordnung in meinem Leben, habe meine Berufung gefunden und bilde ein eigenes Rückgrat als realen Halt aus, daher kann ich tief in mein verborgenes Wesen vordringen.

1. Art und Ort des Forschens

Beruf und Gesellschaft

Die Pluto/Saturn-Persönlichkeit geht mit sehr viel Klarheit, Zielrichtung, Ausdauer, Geduld und Selbstdisziplin an ihre Forschungsobjekte heran. Es muss ein reales Ergebnis daraus entstehen und ernsthafte Arbeit geleistet werden, um sie zufrieden zu stellen.

Lieblingsobjekte ihrer Untersuchungen sind das Funktionieren der Gesellschaft, der Einfluss der Norm als Ersatz, bis das eigene Rückgrat aufgebaut ist, soziale Phänomene und jede Thematik, die ihren Beruf betrifft.

Sie kann auch dazu tendieren, Forschung jeder Art zu ihrem Beruf zu machen, ob sich diese nun auf der rein wissenschaftlichen oder z. B. der therapeutischen Ebene bewegt.

Die Betrachtungsweise der Abläufe in der Gesellschaft können genauso als Projektionsfläche enttarnt werden wie die Analyse des Partners. Hassgefühle gegen Beamtentum, Autoritäten und Politiker zeigen die Wut, die durch die Abgabe seiner Macht an diese Institutionen hervorgerufen wird. Die Einschränkung durch äußere Mächte ist solange notwendig, bis man freiwillig seine Grenzen erkennt und steckt, Verantwortung über sein Leben übernimmt und sich selbst zur Autorität darüber erhebt.

2. Tief verdrängte Seiten

(Ohn)Macht durch Beruf, gesellschaftliche Stellung, Autorität

Tief versteckt wird hier gerne der extreme Ehrgeiz nach unermesslicher Anerkennung und höchsten Ehren in der Gesellschaft (in seiner gerade auserwählten Gesellschaft, das kann auch eine unkonventionelle sein).

Es wird ein Aufstieg angestrebt, an dessen Ende die vollkommene Beherrschung seiner Unterjochten steht, bei der man als grausamer Caligula seine Macht gegenüber dem gemeinen Volk schamlos ausnutzt und genießt.

Auch Kaiser Nero (wie jeder andere sadistische Diktator) passt wieder gut in dieses Bild. Man steht machtvoll in der Öffentlichkeit, bekleidet ein hohes politisches Amt und weist jeden in die Schranken, in den fürchterlichen Tod, der es wagt, aufzumucken und eigene Flagge zu zeigen.

Tief innen träumt die Pluto/Saturn-Persönlichkeit davon, die ganze Welt auf ihre Weise zu beherrschen und ihr ihren Stempel aufzudrücken. Sie sieht sich als die oberste Instanz, als höchste Autorität, zu der jeder aufzublicken hat.

Auch eine extreme Berufsbesessenheit, die totale Fixierung auf das, was man als seine Lebensaufgabe und Berufung betrachtet, zählt häufig zu ihren (auch vor sich selbst) verborgenen Seiten.

Zuletzt steht ihr der Sinn nach einer totalen Schocktherapie für die verschlafene Gesellschaft, für zu feste, starre Haltungen und Lebensstrukturen, will sie entsetzen, um wachzurütteln und dazu anzutreiben, tief greifende Veränderungen zu wagen.

3. Art der Reintegration und Wandlung

Beruf, Ordnung, Rückgrat

Die Pluto/Saturn-Persönlichkeit findet in erster Linie über ihren Beruf, ihre Art der Berufung zu ihren verdrängten Inhalten zurück. Die berufliche Tätigkeit muss ihr gesamtes Wesen erfassen, sie mit Haut und Haaren einvernehmen und sie zwingen, die Augen auch vor den Eigenschaften zu öffnen, die sie bisher nicht bei sich sehen wollte.

Es eignen sich Tabuberufe, Berufe in Grenzbereichen, Sterbebegleitung, intensive Psychotherapie, Gerichtsmedizin, Pathologie (Leichen sezieren) sowie jede Arbeit, in der tiefe Forschung notwendig ist und gefordert wird.

Weitere Bereiche, um den Wiederkontakt zu finden und sich zu wandeln, stellen die Definition und realistische Umsetzung ihrer Lebensziele, der Aufbau einer eigenen Lebensordnung und die Erweckung und Konsolidierung der Autorität in sich selbst dar. Dazu gehört auch die radikale Trennung von allem, was nicht wirklich wesentlich ist und nicht ganz genau ihrer echten Persönlichkeit entspricht.

4. Leidenschaft und Macht

Berufung und Lebensaufgabe

Die Pluto/Saturn-Persönlichkeit steigert sich am liebsten in ihre berufliche Tätigkeit hinein. Hier wird ihre Leidenschaft geweckt. Hier will sie Wirkung zeigen und ihre Selbstbestimmung zurückerlangen.

Auch als guter Forscher, Therapeut oder in irgendeiner Weise Extremist in der Öffentlichkeit zu stehen, die Masse zu schockieren oder zumindest wirkungsvoll zu beeindrucken, stellen Möglichkeiten dar, ihre Intensität und Leidenschaft zu entfachen. Sie braucht in jedem Fall eine ganz klare Lebensaufgabe, der sie sich verschreibt, die ihr wichtiger ist als jede Sicherheit im Leben und für die sie alles riskiert.

In der Ausübung ihres Berufes will sie die Macht haben und bestimmen, entweder nur über sich oder auch über Mitarbeiter. Sie lässt sich ungern langfristig auf die hinteren Reihen oder eine untergeordnete Stellung verweisen.

Ihre Leidenschaft wird weiterhin geweckt, wenn sie alt eingefahrene Geleise vor Augen führen und eingerostete Lebensformen, die nur noch aus Stabilitätsgründen aufrechterhalten werden, entlarven kann, wenn sie eine Methode findet, die Menschen (allen voran sich selbst) wieder zu ihrem abgeschnittenen Wesensteil zurückzuführen, sie heimzubegleiten durch die Nacht in die innere Fülle an schwarzem Seelengut, auf dass sie danach schwungvoll wieder auferstehen und zu einem neuen Menschen werden mögen.

5. Lieblingsprojektionen

Mächtige, Autoritäten, Gesellschaftsnorm, Ämter, Berufs-extremisten, Berufsbesessene, Diktatoren, Politiker, Berufsehrgeizlinge.

Auf körperlicher Ebene als Zeichen passiver Manifestation: Erkrankungen des Stützapparates (Knochen, Gelenke) insbesondere aufgrund von zu fixen Vorstellungen und Prinzipien, zu fester, wandlungsbedürftiger Bindungen, zuviel Kontrolle über sich und andere; Erkrankungen von Geschlechtsorganen/Enddarm/Blase aufgrund beruflicher Schwierigkeiten, Mangel an Lebensaufgabe, Lebensordnung und eigener Autorität.

Konkrete Förderungen der Pluto/Saturn-Persönlichkeit

- Gesellschaftsphänomene erforschen

- Forschende berufliche Tätigkeit

- Beruf als ihre Leidenschaft erkennen und ausüben

- Ihre versteckten grausamen Machtansprüche als Herrscher und Staatsoberhaupt, als ihre Form des Diktatorendaseins integrieren

- Tabuberufe, Berufe mit Grenzerfahrungen, Therapie als Beruf

- Sich und andere auf dem Weg in die innere Finsternis begleiten, sich haltlos und ohne Kontrolle hinab begeben, was zu innerer Stabilität führt und als Beruf ausgeübt werden kann

- Macht und Selbstbestimmung durch die Umsetzung ihrer Lebensaufgabe und Berufung erreichen

- Sich beruflich nicht unterordnen, sondern der Herr im Haus sein

- Zu starre, versteinerte Lebensstrukturen bei sich, anderen, in der Gesellschaft aufdecken und freiwillig wandeln, verabschieden, loslassen, den Schmerz in Kauf nehmen

- Ihre Stabilität im Wandel erkennen und zulassen.

ÜBUNGEN J

1. Wie geht die Pluto/Saturn-Persönlichkeit bei ihren Forschungsaktionen vor?

2. Wie findet sie zu ihren verdrängten Inhalten zurück:
a. Pluto im Steinbock im 7. Haus?
b. Pluto im Steinbock im 12. Haus?
c. Pluto im Löwen im 10. Haus?
d. Saturn im Stier in Opposition zu Pluto im Skorpion?

11. PLUTO - URANUS

Tierkreiszeichen Skorpion im 11. Haus / TKZ Wasser-
mann im 8. Haus
Pluto im Wassermann (Uranus im Skorpion)
Pluto im 11. Haus (Uranus im 8. Haus)
Aspekte zwischen Uranus und Pluto

Essenz

Reintegrationsarbeit und Macht durch Freiheit, Gemeinschaftssinn und Rebellion.

Grundspannung

Bindung, Fixierung, Tiefe --- Distanz, Vogelperspektive,
Durchschneiden von Bindungen.

Lösung

Durch Ausbruch und Selbstbefreiung in Kontakt zu seiner
unbekannten, unterdrückten Seite gelangen.

Wunde

Abrupte Durchtrennung von Bindungen.
In seinem Freiheitsdrang geknebelt und erstickt werden.

Heilung

Erkennen, wenn Bindungen überholt sind, und bewusst und freiwillig den Knoten durchschlagen.

Den verdrängten Bindungswillen in sich selbst wahrnehmen, integrieren und neben seinem Freiheitsdrang gleichberechtigt zum Leben erwecken. Bindungen mit der Möglichkeit zu spontanen Brüchen bewusst aufbauen.

Selbstbild

Ich breche aus zu engen Lebensstrukturen aus und finde meinen eigenwilligen, unkonventionellen Lebensstil, daher komme ich wieder in Verbindung mit meinen verborgenen, verdrängten Seelenanteilen und kann mich tief wandeln.

1. Art und Ort des Forschens

Erfinderisch und im Team

Die Pluto/Uranus-Persönlichkeit ist in der Lage, völlig neue Arten des Forschens und der Erkundung ihrer selbst wie auch jeder anderen Person und Sachlage zu erfinden. Dank plötzlicher Eingebungen können neue und unkonventionelle Ideen und Methoden entstehen, mit deren Hilfe dann in die Tiefe des Forschungsobjektes gedrungen wird.

Sie untersucht gerne ihre Interessensgebiete in der Gemeinschaft mit Freunden oder Gleichgesinnten, in der Gruppe und einem gleichberechtigten Team.

Sich selbst kann sie am besten anhand der Betrachtung ihrer Freunde und ihres Freiheitsgrades erforschen, daran, welches Verhältnis sie zu diesen hat, was sie darauf projiziert und in welchen Eigenschaften sie durch sie ergänzt (und entsprechend erfreut, verärgert, missachtet, begehrt etc.) wird.

2. Tief verdrängte Inhalte

(Ohn)Macht durch Revolution / durch Freundschaften

Als erster wesentlicher Punkt der Verdrängung kann die reine, totale Uranuskraft gesehen werden: absolute Freiheit, vollkommene Ungebundenheit, keine Verantwortungen, kein Festlegen, kein Festhalten - Fliegen.

Um dies zu erreichen, bedarf es des absoluten, kompromisslosen Freiheitskampfes, der blutigen, grausamen Revolution, in der für die gute Sache Köpfe rollen und jedes Mittel von subtiler Manipulation bis hin zu Folter, Marter und Qual recht ist.

Man ist bereit, sein Leben wie auch das der anderen zu lassen, um den Kampf für Gerechtigkeit, Gleichheit und Unabhängigkeit durchzufechten, betätigt sich als Kamikazeflieger oder befehligt andere, Sicherheit und Leben zurückzustellen für die Sache, die hier nur Bruch mit der Vergangenheit, das Abschneiden alter Zöpfe, der Aufbruch in ein neues Zeitalter, eine neue Vision heißen kann.

In ihrem tiefsten Inneren strebt die Pluto/Uranus-Persönlichkeit eine machtvolle Position in diesem Freiheitskampf an oder aber spürt die Bereitschaft, ihr Leben zu lassen, um ihre Freiheit zu verteidigen und sich für die Gemeinschaft zu engagieren.

Ein weiteres Thema stellen Freunde und Bekannte, Gleichgesinnte egal welcher Art dar. Auch hier können Machtspiele und gegenseitige Dominanz und Manipulation stattfinden. Vielleicht will man sie beherrschen und fest an sich binden, sie zu seinen Opfern machen und in sein Leben einverleiben oder zu Marionetten seines Machtwillens hinabwürdigen.

3. Art der Reintegration und Wandlung

Ausbruch

Die Pluto/Uranus-Persönlichkeit findet zu ihren unbewussten Werten, indem sie Spontaneität und Plötzlichkeit in ihrem Leben zulässt. Es ist wesentlich für sie, eigenständig Brüche mit der bisherigen Lebensweise zu machen, sich selbst aus der Sicherheit und Routine des Alltags herauszukatapultieren und Abstand zu gewinnen.

In dieser Weite, Aufregung und Abwechslung gelingt es ihr, wieder Seiten ihrer Selbst zu erkennen und in ihr Leben aufzunehmen, die im Muff und der Enge der Gewohnheiten untergegangen waren oder die ohnehin schon immer tief im Keller ihres Wesens versteckt lagen.

Jedem Versuch, sich aus den Fesseln der Vergangenheit und des Sicherheitsstrebens zu befreien, hilft ihr auf dem Weg in ihre innere Dunkelheit, beim Prozess des Zusammenwachsens zwischen bisherigem Selbstbild und dem im Unbewussten gelagerten Reichtum.

Da Uranus für Gruppe, Freunde und Gemeinschaft spricht, eignen sich Gruppentherapie oder das Durcharbeiten von Problemen unter Freunden besonders gut für diese Persönlichkeit, um sich zu wandeln, wie auch völlig neuartige, unkonventionelle Methoden oder Experimente mit Therapien unter Einsatz neuester Technik.

4. Leidenschaft und Macht

Gemeinschaftssinn und Rebellion

Die Leidenschaft der Pluto/Uranus-Persönlichkeit wird durch jede Form des Freiheitskampfes geweckt. Auch das Streben nach Gerechtigkeit und Gleichheit weckt ihre innere Flamme, ihr Engagement.

Besonders angeregt wird sie durch die Aussicht und Möglichkeit, mit den verschiedensten Menschen zusammenzuarbeiten und auf gleicher Ebene gemeinschaftliche Ziele zu erreichen.

Wenn sie dazu beitragen kann, auszusteigen aus der genormten, üblichen Form und neue Wege anzuvisieren, zukunftsträchtige Visionen zu entwickeln und das Gewohnte hinter sich zu lassen, wird ihre intensive Seite erweckt und steht bis zum Exzess zur Verfügung.

Im therapeutischen Bereich kann sie dazu anregen, das Tabu der Selbstbefreiung, der Möglichkeit zur vollkommen eigenständigen Gestaltung seines Schicksals zu brechen und dafür sein freies, selbst verantwortetes Leben in die Hand zu nehmen.

Macht wird erreicht und erweitert durch die Bereitschaft, zugunsten eines echten, unabhängigen Lebens starre Sicherheiten und Stabilitäten, die in der Entwicklung hindern, plötzlich und spontan zu beenden.

5. Lieblingsprojektionen

Freiheitsfanatiker, Rebellen, Revolutionäre; Fixierung auf Gemeinschaft und Freunde; Geheimlogen, Gemeinschaftsverschwörungen; Menschen, die gegen jeden und alles sind, die gegen jede Ordnung wettern, die sich gegen jede Stabilität wenden, die nicht erwachsen werden wollen.

Auf körperlicher Ebene als Zeichen der passiven Manifestation: Erkrankungen im Unterschenkelbereich, des Nervensystems, extreme Nervosität und Unruhe aufgrund zu fester Fixierungen, Vorstellungen und Bindungen, Verbissenheit und Besessenheit; Erkrankungen der Geschlechtsorgane/Enddarm/Blase aufgrund von Einengung in zu festen Strukturen, Mangel an Ausbruch, Abwechslung, Aufregung, Distanz, Freiheit und Spontaneität im Leben; Afterjucken.

Konkrete Förderungen der Pluto/Uranus-Persönlichkeit

- Erfindungen im Forschungsbereich machen oder erfinderisch, unkonventionell forschen

- In der Gemeinschaft, einem Team Forschungsarbeit leisten, etwas erkunden und untersuchen

- Ihren extremen Freiheitsdrang, der ihr wichtiger als jede Sicherheit ist, erkennen und sich eingestehen

- Plötzliche Ausbrüche in extremer Weise zulassen, auch wenn alle Norm-Anhänger und Sicherheitsmenschen (insbedere in ihr selbst) den Kopf schütteln und entsetzt sind

- Exzessive Kämpfe für Unabhängigkeit, Gleichheit und Gerechtigkeit ausfechten

- Durch Gemeinschaft Macht schaffen

- Die eigene Macht und Selbstbestimmung mit Hilfe von bewusster Selbstbefreiung und Ausbrüchen erhöhen

- Möglichkeit zur freien Schicksalsgestaltung erkennen und nutzen.

ÜBUNGEN K

1. Was weckt besonders die Leidenschaft und Intensität der Pluto/Uranus-Persönlichkeit?

2. Wie gelangen Menschen mit folgenden Konstellationen am besten wieder in Verbindung mit der verborgenen Seite in sich:
a. Pluto im Wassermann im 7. Haus?
b. Pluto im Wassermann im 9. Haus?
c. Pluto im Krebs im 11. Haus?
d. Pluto in der Jungfrau im 11. Haus?

12. PLUTO - NEPTUN

Tierkreiszeichen Skorpion im 12. Haus / Tierkreiszeichen
Fische im 8. Haus
Pluto in den Fischen (Neptun im Skorpion)
Pluto im 12. Haus (Neptun im 8. Haus)
Aspekte zwischen Neptun und Pluto

Essenz

Reintegrationsarbeit und Macht durch Erkennen und Umsetzen seiner Träume, Sehnsüchte und Andersartigkeit.

Grundspannung

Fixierung, Bindung, Kontrolle, Echtheit --- Loslassen,
Endlosigkeit, Träume, Auflösung.

Lösung

Echtheit durch Spüren und Verwirklichen seiner Träume.
Auflösung von seinen Bindungen.

Wunde

Überschwemmung von dunklen, beängstigenden Bildern,
von den verdrängten Anteilen.
Überdeckung von Echtheit und Totalität durch Sucht,
Träumerei, Heiligsein und falsch verstandener Spirituali-
tät.

Heilung

Bewusste Offenheit für diese dunklen Seiten im Wissen, dass dies Heilung durch reale Ganzheit heißt.
An seine Echtheit gelangen durch feinstoffliches Arbeiten, Phantasie und Intuition.

Selbstbild

Ich spüre und folge meinen Sehnsüchten, meiner Intuition und Sensibilität, daher kann ich tief in mich hinabsteigen, mich wieder mit meinen abgespaltenen Wesensanteilen verbinden und eine tiefe Wandlung erfahren.

1. Art und Ort des Forschens

Traumwelt

Ziel der Forschungsreise einer Pluto/Neptun-Persönlichkeit ist die Welt ihrer Träume und Sehnsüchte, ihres gesamten unbewussten Bereiches. Als Weg dahin kann sie sich der Mystik und Meditation, der Hingabe an eine höhere Einheit bedienen oder aber sie beschäftigt sich im heilenden, helfenden, sozialen, alternativen oder künstlerischen Bereich.

Wird kein bewusstes Ventil in dieser Weise gefunden, besteht die Tendenz, mit Drogen oder anderen Suchtmitteln in andere Welten vordringen zu wollen, was leicht selbstzerstörerische Züge annehmen kann.

Die Pluto/Neptun-Persönlichkeit folgt ihrem Forschungsdrang am liebsten im Alleingang und in absoluter Abgeschiedenheit und nutzt dafür ihre ausgeprägte Phantasie und Intuition sowie völlig andere Methoden wie gemeinhin üblich.

2. Tief verdrängte Inhalte

(Ohn)Macht durch Selbstlosigkeit / Helfersyndrom

Zu den verdrängten Inhalten der Pluto/Neptun-Persönlichkeit zählt als erstes ihr Bedürfnis nach Macht als die große Retterin, Helferin, Heilige oder - im umgekehrten, ebenso dazugehörigen Fall - als Opfer und Kranke, die andere manipulieren und herumscheuchen kann, damit sie wieder gesund werde und weil sie doch so arm und hilflos ist.

Krankheit kann ebenso als Machtmittel zum Einsatz gelangen wie die Funktion z. B. des pflegenden Partners (sofern er damit die Abhängigkeit des anderen für sich ausnutzt). Auch dieses Paar gehört, wenn auch auf den ersten Blick nicht erkenntlich, zu einer Täter/Opfer-Beziehung, in der beide aufeinander angewiesen sind und ohne den anderen nicht leben können, eine verschworene Gemeinschaft von aktiver und passiver Machtausübung.

Ebenfalls unterdrückt sein kann der neptunische Rausch in der Unendlichkeit, ohne jede Verantwortung, ohne Bindungen, ohne Pflichten, sondern in der vollkommenen Auflösung in einer anderen Welt frei von Anforderungen und jeder Vernunft. Dieser Traum kann unterstützt werden durch die Einnahme einer (langfristig selbstzerstörerischen) Droge.

Man will sich treiben lassen und lieber tagträumen, als aktiv und bewusst am Leben teilnehmen, will aufgehen in der Endlosigkeit, im Raum hinter der Räumlichkeit, in der Zeit jenseits von Tag und Stunde.

3. Art der Reintegration und Wandlung

Auflösung im Ganzen / Nichtanpassung

Die Pluto/Neptun-Persönlichkeit findet zurück zu ihren verlorenen Seelenanteilen, indem sie sich vollkommen hingibt, loslässt und sich in eine höhere Einheit eingebunden fühlt. Konkreter wird es durch die Auflösung überholter Lebensformen und -strukturen, von zu viel Vernunft und Zweckorientierung im Leben.

Je mehr sie ihre alternative Seite, ihre reiche Phantasie und die Sprache ihrer inneren Stimme zulässt, umso mehr gelangt sie in Kontakt mit ihrer Unterwelt.

Typische neptunische helfende Tätigkeiten oder stille Meditationen, Visualisierungen, geführte Trancen und energetische Heilmethoden tragen zudem dazu bei, in sich hinabtauchen, Wiederverbindung zur abgespaltenen Wesensseite feiern und sich wandeln zu können.

Die Rettung muss zuerst im eigenen Inneren stattgefunden und sich manifestiert haben, um tatsächlich auch anderen Menschen aktiv und nützlich zur Seite stehen zu können.

4. Leidenschaft und Macht

Helfen und Mitgefühl

Die Leidenschaft der Pluto/Neptun-Persönlichkeit wird erweckt durch die Möglichkeit, anderen zu helfen. Sie sollte einen klaren, bewussten Kanal für ihre tief wirkenden heilenden Kräfte finden oder sich künstlerisch ausdrücken, in der Kunst an die Oberfläche bringen, was an dunklen Neuigkeiten innen entdeckt wird.

Wird ihr Mitgefühl angesprochen, so kommt ihre intensive, leidenschaftliche Seite gleichsam in Bewegung. Es ist wichtig zu sehen, auf was sie die Notwendigkeit, für sich selbst Mitgefühl zu empfinden, projiziert, und zuerst oder parallel dazu diesen bedürftigen Teil in ihr zu versorgen, zu pflegen und zu heilen.

Eine andere Art der Leidenschaft, auch natürlich des Aufbaus von Macht und Selbstbestimmung stellt die Verwirklichung ihrer unvernünftigen, von der Norm abweichenden Wesensseite dar.

Eine typische Möglichkeit zur konstruktiven Umsetzung dieser Konstellation besteht in der ständigen Wandlung durch das totale Fließen mit dem Leben mit Hilfe von Meditation.

5. Lieblingsprojektionen

Opfer, Kranke, Retter, Helfer - im Extrem. Kranke und Pfleger, falls aus (im Allgemeinen unbewussten) Machtambitionen heraus. Fanatische, extreme Künstler oder Menschen, die sich mit Haut und Haaren ihren sozialen und helfenden Tätigkeiten verschreiben.

Auf der körperlichen Ebene als Zeichen der passiven Manifestation: Erkrankungen im Fußbereich oder Suchtverhalten aufgrund von Verbissenheit, zu festen Vorstellungen und Bindungen, Besessenheit; Erkrankungen der Geschlechtsorgane/Enddarm/Blase als Folge von Sucht, Drogen, mangelnder Umsetzung der nichtangepassten Seite in sich; Suizidneigung.

Konkrete Förderungen der Pluto/Neptun-Persönlichkeit

- In ihrer Traumwelt (sich er-)forschen

- Ihrem Forschungsdrang im Alleinsein, in der Zurückgezogenheit folgen

- In neptunischen Bereichen Forschungsarbeit leisten

- Sich ihre geheime Machtlust durch Krankheit, Opferdasein oder den Auftritt als Retter und Pfleger eingestehen und in ihr Selbstbild aufnehmen

- Möglichkeit der bewussten absoluten Hingabe an einen Dienst, eine soziale Tätigkeit, Kunst oder seine verwirklichte Unvernunft als Gegenpol zu der Tendenz der totalen Sucht auftun

- Durch Auflösung überholter Lebensstrukturen sowie Tätigkeiten in neptunischen Bereichen wieder in Verbindung mit ihrem abgespaltenen Wesensanteil gelangen

- Macht durch neptunisches Engagement und das Entwickeln eigener Formen ihrer Art der Andersartigkeit und "Unvernunft"

- Ständige Wandlung durch Meditation.

ÜBUNGEN L

1. Wie sieht die verdrängte Seite der Pluto/Neptun-Persönlichkeit aus?

2. Wie kann die Leidenschaft bei folgenden Konstellationen erweckt und ihre Selbstbestimmung erhöht werden:
a. Pluto im Stier im 12. Haus?
b. Pluto im Löwen im 12. Haus?
c. Pluto im Schützen im 12. Haus?
d. Neptun im Skorpion im Sextil zu Pluto in der Jungfrau?

3. HEIMKEHR IN DIE ESSENZ DER AHNEN

Energieöffnungsübung

Wählen Sie eine wesentliche Pluto-Konstellation heraus, die in Ihrem Horoskop und dem Ihres Vaters oder Ihrer Mutter vorkommt, möglichst eine Konstellation mit einem persönlichen Planeten, also Pluto/Sonne, Pluto/Mond, Pluto/Merkur, Pluto/Venus, Pluto/Mars, je nachdem, was auf Sie zutrifft. Es kann aber auch jede andere Pluto-Konstellation sein, die eine wichtige Rolle in Ihrem Leben spielt. Wenn Sie wollen, können Sie auch die Horoskope der Vorfahren Ihrer Eltern ausfindig machen und nachsehen, wo diese Energie innerhalb der Ahnenreihe noch fließt und von wem das ausgewählte Elternteil ihrerseits ihre Energie erhält. Selbstverständlich können Sie die Übung auch mit allen anderen übereinstimmenden Pluto-Konstellationen durchführen:

Wählen Sie sich einen Ort und einen Zeitraum aus, an dem Sie sicher ungestört sind. Stellen Sie sich bequem hin und stellen Sie sich die ausgewählte Plutokraft als Energiekugel in sich und dem gewählten Elternteil, das hinter Ihnen steht, vor und wie ein Energieband diese beiden Kugeln verbindet. Sie spüren, wie Sie von diesem Band schon immer mit dieser Art der Plutokraft versorgt und genährt werden und auch auf immer versorgt sein werden.

Spüren Sie den ständigen Strom der Pluto-Energie, wie er von Ihrem Vater bzw. Ihrer Mutter in Ihre Energiekugel einfließt. (wenn Sie wollen, können Sie sich auch die verkörperte Plutokraft aus früheren Generationen vorstellen, die in einer Linie hinter dem Elternteil stehen, und von denen die Kraft zu Ihrem Vater/Ihrer Mutter fließt und diese wiederum versorgen, unabhängig davon, ob diese vorhergehenden Ahnen noch leben oder nicht).

Bleiben Sie in aller Offenheit und Aufnahmebereitschaft, in dem Gefühl der Verbindung und Verbundenheit und des Versorgtseins.

Wenn Sie möchten, können Sie sagen: Dir/Euch zu Ehren mache ich etwas aus dieser Energie, auf meine Weise. Und gehen Sie in Gedanken mit diesem Gefühl ein paar Schritte nach vorne, versorgt und doch völlig eigenständig in Ihrer eigenen Umsetzung dieser Pluto-Kraft.

Wenn die jeweilige Energie von Ihnen bei dem Elternteil oder einem anderen Vorfahr als sehr negativ erlebt wird, können Sie sich auch umdrehen und sagen: „Ich gebe Dir die Ehre (dabei verbeugen Sie sich). Ich achte die Form, wie Du die ....-Energie lebst, und lasse sie bei Dir, in Liebe und Respekt. Ich lebe sie in meiner Weise. Bitte schaue freundlich auf mich und gib mir Deinen Segen." Drehen Sie sich wieder um mit dem Blick nach vorne. Gehen Sie mit der Vorstellung, Ihren eigenen Weg zu gehen, mehrere Schritte nach vorne.

Machen Sie sich ein Bild davon, wie diese eigene Form aussehen soll.

Bedenken Sie, dass diese Übung eine tiefe Wirkung auf Sie ausüben kann und geben Sie sich deshalb genügend Zeit, bis Sie sie mit dem anderen Elternteil oder einer weiteren Plutokraft wiederholen.

4. WEITERES ZUSATZWISSEN

DER SCHATTEN IM HOROSKOP

Der Schatten besteht nicht grundsätzlich aus unliebsamen Eigenschaften und Fähigkeiten, sondern aus allem, was wir von uns nicht mehr wissen, da es ins innere Verborgene abgerutscht ist. D.h. unser Schatten ist nicht die geheime Lust am Alkohol oder der Nymphomanie - denn die kennen wir - sondern all das, was völlig aus dem Bewusstsein verbannt wurde. Das kann positiv und negativ sein.

Eigentlich kann jede Kraft im Horoskop, also dem Wesen des Menschen unterdrückt und damit ins Unbewusste, in den Schattenbereich, die persönliche Unterwelt verbannt werden.

Es gibt jedoch Stellen im Geburtshoroskop, die für Verdrängungen prädestiniert sind:

1. Der dritte Quadrant (7.-9. Haus)

Insbesondere das 7. Haus und die gesamte Venusposition (siehe Waage/Venusanalyse) werden gerne nach außen projiziert und dort gesucht.

2. Saturn

Die Saturnanalyse zeigt auf, wo wir unsere schmerzliche Wunde des Unvermögens, der Minderwertigkeitsgefühle verspüren, wo wir uns für unfähig halten und erst nach bewusstem Einsatz von Ausdauer, Planung, Disziplin, Geduld und Realitätssinn eine eigenständige Umsetzung der Kräfte und damit eine langsame Heilung möglich ist.

Man trägt die volle Verantwortung und erkennt seine Grenzen an, ist dafür - als Gegenleistung - sein eigener Herr, seine eigene Autorität geworden.

4. Uranus

Da Uranus Unruhe, frischen Wind und plötzliche Änderungen ins Leben bringt, um eingerostete Strukturen zu brechen und Raum für neue Erfahrungen und seine Visionen zu bereiten, wird er gerne zurückgedrängt, um die bestehende Ordnung ungestört zu lassen. Ein Versuch, der natürlich langfristig zum Scheitern verurteilt ist und Brüche von außen provoziert.

5. Neptun

Neptuns Bedürfnisse im Persönlichkeitssystem werden ebenso gerne unterdrückt, da er mit seiner Unvernunft und seinen doch so unpraktischen, schwer einzuordnenden Ideen und Wünschen nicht leicht integriert werden kann. Auch seine Kraft zur sanften Auflösung wird nicht gerne gesehen und man versucht oft bewusst oder unbewusst, sie einzudämmen.

6. Pluto

Hier befinden wir uns im Hauptbereich unserer Unterwelt.

7. Unaspektierte Planeten

Planeten, die völlig isoliert, also ohne jede Verbindung zu

den anderen Kräften im Horoskop stehen, werden nur sehr schwer ins Bewusstsein und Selbstbild aufgenommen. Sie stehen alleine und müssen mit besonders viel Sorgfalt und Bereitschaft zur Wiederaufnahme in die heimische innere Familie aufgenommen und gehegt und gepflegt werden.

Eingeschlossene Zeichen

Ähnlich verhält es sich mit der Energie von Tierkreiszeichen, die eingeschlossen in einem Haus stehen. Sie sind für unser Bewusstsein und Selbstverständnis nicht so leicht zugänglich und es bedarf auch hier der Geduld und der bewussten Förderung, um sich dieser Kräfte gewahr zu werden und sie aktiv zum Einsatz bringen zu können.

9. Mondknotenachse

Auch im karmischen Bereich liegen viele Kräfte versteckt, gegen die man sich wehrt, die man nicht wiedererleben und nicht mit seinem Selbstbild in Verbindung bringen möchte. Besonders gegen den Entwicklungsschritt in Richtung des Nordknotens wird lange Zeit erbittert gekämpft und dadurch - wenn auch verständlich - wertvolle Lebensenergie gebunden.

ASTROTHERAPIE

Therapie ist hier im Sinne einer tiefgehenden Unterstützung und Begleitung gesunder Menschen zu verstehen. Der Einsatz der Astro-Psychologie und -therapie bei kranken Menschen bedarf in Deutschland der Heilerlaubnis.

Die Hauptpunkte

- Erfassen des Grundpotenzials

- Aufnahme und Analyse der momentanen Art der Umsetzung, u.a. durch Zuhilfenahme der Interpretation der Außenumstände (Partner, Wohnung, berufliche Situation, gesundheitliche Schwächen etc.)

- Erkennen und Rücknahme der Projektionen

- Emotionales Erreichen der tieferen Schichten mit besonderer Berücksichtigung der Mondposition

- Respekt vor der Einzigartigkeit des Klienten , d.h. eine wandlungsfähige, flexible Therapie, die den Klienten in den Vordergrund stellt (z. B. im Eingehen auf seine Merkurkonstellationen, als seine Art der Analyse, oder auf seine Mondkonstellationen, als seine Art der Innenschau und Gefühlswelt)

- Keine Beschränkung des Beratungsgespräches auf das astrologische Wissen, sondern dem Klienten auch Raum bieten, sich zu fühlen und einzubringen, ihn aktiv miteinzubeziehen und nicht zum reinen passiven Konsumenten von Information reduzieren

- Vermitteln der individuellen Möglichkeiten, mit seinem Verdrängten wieder Kontakt aufzunehmen (Anregung zur Selbsttherapie)

- Höchstmögliche Eigenständigkeit des Klienten ermöglichen durch klare, konkrete Lebensplanung mit besonderem Hinweis auf die Notwendigkeit und Unausweichlichkeit von Abschied und Abschiedsschmerz bei der Änderung der Form seines Potenzials bzw. aufgrund der Selbstbildveränderung bei der Reintegration von unbewussten Inhalten.

- Vermitteln der Fähigkeit zur gleichberechtigten Akzeptanz all dessen, was die Existenz bietet und daher auch existenzberechtigt ist (Lebensfreude wie auch Depression, Mitgefühl wie auch Wut, Realität wie auch Sehnsucht und Traum, Gesundheit wie auch Krankheit, Weiterentwicklung wie auch Stagnation, Gemeinsamkeit wie auch Einsamkeit, Erfüllung wie auch Frustration, Dynamik wie auch Stillstand, Liebesgefühle wie auch Hass)

- Bild des Zusammenwachsens zwischen Bewusstheit (Licht) und Verdrängtem, Unbekanntem, der inneren versunkenen Stadt (Schatten).

Ablauf

Grundsätzlich gibt es die Möglichkeit, das Gespräch sich entwickeln zu lassen oder mit System zu arbeiten. Auf jeden Fall muss man sich vorher über verschiedene Angebote zur konkreten, aktiven Förderung der wesentlichen Konstellationen des Klienten Gedanken machen und im Klaren sein. Man sollte ihm realistische Vorschläge machen können für die Umsetzung seines Potenzials.

Bei einem systematischen Aufbau könnte man mit einer Bestandsaufnahme des körperlichen/gesundheitlichen Zustands beginnen und dann darauf aufbauend in den geistigen und seelischen Bereich und Hintergrund übergehen.

Man kann jedoch auch die Sitzung mit einer kurzen Visualisierungsübung beginnen und damit gleich den Alltag abstreifen und den Kontakt mit der Innenwelt aufnehmen lassen.

Die Hauptthematiken der Sitzung bestimmt entweder der Klient oder, falls dieser unschlüssig ist, konzentriert man sich zuerst auf die Gebiete, die durch intensive Transite betroffen und daher gerade besonders aktiviert sind.

Wenn man tiefer mit dem Klienten arbeiten möchte, empfehlen sich alle auf dem Markt befindlichen oder selbst kreierten Methoden der Bewusstseinsarbeit, wie z. B.:

- Atemübungen
- Meditation
- Körperarbeit
- Visualisierungsübungen/Phantasiereisen
- Kunst (Malen, Plastizieren, Schreiben)
- Planeten-/Horoskopstellen
- Feinstoffliche Methoden
- Rückführungen/Karma-Arbeit

- Zu intuitiver Selbsttherapie anregen (Entspan-
  nung, Bilder in sich entstehen lassen, wie man am
  besten bestimmte Schwierigkeiten behandelt -
  welche Therapien, Blütenessenzen, Farben, Ver-
  haltensänderungen etc. wirksam wären; den inneren Helfer/Heiler kennenlernen und ihm mehr vertrauen als jedem anderen)

Um diesen tiefer gehenden Teil der Astrotherapie so ef-
fektiv wie möglich gestalten zu können, empfiehlt sich
neben den Pluto-Konstellationen die besondere Beachtung
der Mondposition des Klienten.

Steht dieser z. B. in Verbindung mit Mars und Neptun,
so wäre eine sehr sanfte Körperarbeit möglich, während
bei einer Verbindung von Zwillinge mit Neptun intuitives
Schreiben und Assoziieren sinnvoll wäre.

Ein Zwillinge-Mond mit Jungfrau und Pluto könnte ein
tiefes, analytisches Gespräch bedeuten, während ein Lö-
we-Mond im 12. Haus über eine künstlerische Tätigkeit
wie das Malen gut erreichbar wäre.

Erd-Monde benötigen eher greifbare Ergebnisse, prak-
tischen Nutzen und die Möglichkeit zu klarer Anwendung. Luftzeichen wollen Beweglichkeit, Gemeinschaft-
lichkeit und viel Austausch. Wasserzeichen müssen in
ihrer Sensibilität und ihrem Gefühl angesprochen werden.

Besteht kein Bedürfnis nach dieser Seite der Astrotherapie in der eigenen Beratungspraxis, gilt es dennoch, sich
Gedanken zu machen, wie die jeweilige Person am besten
in ihr inneres Reich vordringen kann. Das sollte ihr dann
auch mitgeteilt werden, um diese Innenreise sie dann eigenständig oder innerhalb der jeweiligen Therapieform
bei einem entsprechenden Therapeuten gezielt antreten zu
lassen.

Astrotherapie will mehr sein als die Vermittlung astrologischen Wissens, auch wenn Wissen und Lebensplanung für eine aktivere Manifestation des Potenzials ein wesentlicher Bestandteil ist.

Astrotherapie will tiefer führen, will den Klienten sich fühlen, spüren, neu wahrnehmen lassen, will ihm Wege (wenn möglich seinen ganz speziellen Weg) zeigen, wie er später auch zuhause oder vom Astrologen unabhängig an seine unbewussten Seiten herangelangt, will zu mehr Freiheit und Eigenständigkeit auf allen Ebenen anregen.

Sie kann bei Bedarf durch jede andere Form der Selbstheilungsmethode unterstützt und erweitert werden (Blütenessenzen, Körperarbeit, Atemarbeit etc.), immer in Rücksicht und besonderer Beachtung des jeweiligen Individuums, das sich mehr kennenlernen und in sich mehr Wiederkontakt und Aussöhnung finden möchte.

Die Wunden

Ganzheit und Weiterentwicklung sind letztendlich nur durch den Kontakt mit der inneren Wunde (s. auch die Beispiele bei den einzelnen Grundenergien) und deren Schmerz möglich.

Im Folgenden eine Zusammenfassung der grundlegenden Wunden, die den einzelnen astrologischen Kräften zugeordnet werden können:

Sonne

Bei der Sonne handelt es sich um die Wunde und den Schmerz aufgrund von negativen Erfahrungen mit dem

Vater oder in der Sexualität, von Schwierigkeiten mit dem Selbstbewusstsein und der Handlungsfähigkeit, mit der Umsetzung seiner Einmaligkeit, seiner ganz besonderen Seite, die einem von jedem anderen unterscheidet. Sonne heißt Realisierung seines einzigartigen Fingerabdrucks auf allen Ebenen des Lebens.

Mond

Die Wunde des Mondes und sein Schmerz beziehen sich auf die Bedürftigkeit, die Empfänglichkeit und Passivität des Menschen. Der Mond möchte umsorgt und mit Geborgenheit und Wärme verwöhnt werden. Er braucht nicht zu Leistung getrimmt werden, wie so vieles andere in unserem Leben, sondern dass er mit offenen Händen, offenem Herzen dasteht und aufnahmefähig ist, empfangen will, aber auch bereit ist, Zärtlichkeit und Fürsorge zu schenken. Weiteres Thema: Mutter und Familie.

Merkur

Zwillinge: Die Wunde des Zwillinge-Merkur, sein Schmerz basiert auf Schwierigkeiten im Entwickeln einer eigenen Meinung und deren Ausdruck, in der verbalen Kontaktaufnahme mit dem anderen und einem befriedigenden Austausch. Er will reden und möchte, dass auch andere dies gerne und ausgiebig mit ihm tun.

Jungfrau: Der Schmerz der Jungfrau bezieht sich auf ihr Bedürfnis nach Exaktheit, Perfektionismus, außerordentliche Sauberkeit, innere Aufgeräumtheit und der Möglichkeit, sich in den Dienst einer Sache zu stellen und zu arbeiten.

Venus

Stier: Die Hauptwunde der Stier-Venus liegt in einem unerfüllten Bedürfnis nach Sicherheit, Eigentum, Abgrenzung sowie nach Genuss im kulinarischen und körperlichen Bereich. Es belastet sie, keinen festen, greifbaren
Boden mit Rentenanspruch unter ihren Füßen zu haben
oder in ihrer Lust an sinnlichen Genüssen behindert zu
werden.

Waage: Der Schmerz liegt hier in der tiefen Sehnsucht
nach Harmonie und Verbundenheit, nach einer liebevol-
len, kultivierten Gemeinsamkeit mit geliebten Menschen,
in der fraulichen Weiblichkeit und seiner Anziehungs-
kraft.

Mars

Die Grundverletzung eines Mars hat ihre Ursache im
Wunsch nach Männlichkeit, Durchsetzung, Dynamik und
dem Ausleben seiner Art des sexuellen Triebes. Er ist verletzt, wenn er sich ausgebremst fühlt, ständig gegen eine
(Grenz-)Wand läuft und seiner Impulsivität keinen freien
Lauf lassen kann. Mars will kämpfen und Initiativen ergreifen, um in seine Kraft zu kommen und aufzuleben.

Jupiter

Die Wunde und der Schmerz eines verletzten Jupiters
liegt in dem unerfüllten Wunsch nach Sinn und Erfüllung.
Er muss sich ausbreiten, erweitern, ständig wachsen und
von Lebensfreude übersprudeln können. Er kann auch an
"Überdehnung" leiden, sei es durch Fettsucht auf körperli-

cher Ebene oder durch Übermaß in anderen Lebensbereichen.

Saturn

Die Wunde und der Schmerz Saturns liegen stets in dem Eindruck des Unvermögens, der Unfähigkeit und Minderwertigkeit. Man fühlt sich klein und überfordert, leidet unter Druck, Einschränkung und Begrenzungen durch äußere (Ersatz)Autoritäten. Wesentlich: sich selbst Grenzen setzen, diese achten und mit saturnischen Eigenschaften diese Gebiete ganz langsam, ohne übermenschliche Ansprüche angehen und umsetzen.

Saturn kann andererseits auch unter einer übermäßigen Härte gegen sich selbst und andere leiden, in der er wie in der Mythologie seine Kinder (Kindlichkeit, Spieltrieb) gefressen hat, von seinen Gefühlen abgetrennt ist und zunehmend erstarrt.

Uranus

Wunde und Schmerz eines Uranus hat ihre Ursache in der Beschneidung von Freiheit, Unabhängigkeit und Spontaneität. Uranus will fliegen, will über den Wolken sein und das Leben aus genau dieser Distanz heraus betrachten und überragen. Er braucht absoluten Freiraum und die Möglichkeit für eine ungewöhnliche, aus den Bahnen brechende, experimentelle Lebensweise. Er kann jedoch auch unter zu viel des Abstands, an daraus resultierender Kälte leiden, dem Abgeschnittensein von der Wärme des Lebens und der Sonne, da er zu weit oben auf seiner Wolke sitzt.

Neptun

Neptuns Wunde und Schmerz ist die Trennung, die Lösung von seinem Verschmelzungsobjekt. Er will eins sein, dazugehören, will aufgehen in einer größeren Einheit, ohne sich in eine feste Form einverleiben zu lassen.
Am meisten schmerzt ihn, sich unverstanden und nirgendwo dazugehörig zu fühlen.

Pluto

Pluto wird tief verletzt durch Oberflächlichkeit und den Mangel an Bindung. Er will eine ausschließliche, verschwörerische Gemeinschaft, in der die Sache höher eingestuft wird als Körper, Sicherheit und Leben.
Er will absolute Intensität und Echtheit. Fehlt ihm dazu der Mut und die Bereitschaft, kann er als Täter oder Opfer unter Kontrolle, Dominanz, Machtmissbrauch und Manipulation leiden.

Astrotherapie will an der jeweils akuten Wunde rühren und sie sanft wieder öffnen, bewusst machen und durch eine tiefe Begegnung mit ihr, durch die uneingeschränkte Akzeptanz dessen, was auf dieser Reise ins Unbewusste auftauchen mag, eine innere Aussöhnung initiieren.
Astrotherapie strebt eine wertfreie Selbstbetrachtung und eine langsame Wiederverbindung zwischen oben und unten an. Sie will allen Eigenschaften und Stimmungen des Menschen gleichen Raum und gleiche Rechte in dessen Leben einräumen, jedem auf die ihm ganz ureigene Weise.

5. PLUTO-ANALYSE UND –SYNTHESE VON CATHERINE DENEUVE

Geboren am 22.10.1943, 13.35 Uhr WET/S, Paris

I. ANALYSE

1. Basis 8. Haus

1. Im 8. Haus steht das Tierkreiszeichen Jungfrau.
2. Kein eingeschlossenes Zeichen.
3. Im 8. Haus stehen eine Jungfrau-Venus aus 4 (Stier) und 9 (Waage), ein Jungfrau-Chiron und ein Waage-Neptun aus dem 2. Haus.
4. Das Aktionsfeld des Herrschers von 8 Merkur ist in der Waage im 9. Haus, wo sich die Gesamtanlage des 8. Hauses (Jungfrau und die drei besagten Planeten) vor allem niederschlagen.
5. Aspekte des Merkur: Sextil Mond, Sextil Lilith, Quadrat Juno, Opposition Pallas, Trigon Vesta, Quadrat AC, Sextil Nordknoten.

2. Basis Skorpion

1. Das Tierkreiszeichen Skorpion steht im 10. Haus.
2. Es stehen keine Planeten im 10. Haus.
3. Pluto als Herrscher von 10 steht im Löwen im 7. Haus, wo sich die Umsetzung der plutonischen beruflichen Tätigkeit in erster Linie niederschlagen wird.

3. Weitere Unterstützungen der Plutokraft

1. Es stehen keine Planeten im Skorpion.
2. und 3. ---

4. Aspekte des Pluto

1. Pluto Konjunktion Mond, Halbquadrat Mars, Halbquadrat Saturn, Sextil Uranus, Trigon Pallas, Konjunktion Nordknoten, Quinkunx AC, Quadrat MC.

5. Personar

6. Prognose je nach Zeitraum

II. SYNTHESE

Mit Jungfrau in 8 ist der Bereich der Arbeit dazu prädestiniert, sich seinen dunklen Seiten zu nähern und mit ihnen anzufreunden. Auch ergibt sich aus dieser Konstellation einen Hang zu ausgeprägtem Perfektionismus in der Arbeitsweise und die Tendenz zum exzessiven Arbeiten, also zum Workaholismus. Catherine Deneuve arbeitet - insbesondere in Kombination mit ihrem Steinbock-AC und dem Saturn in 6 - sehr hart und gibt sich mit dem jeweiligen Produkt Film erst zufrieden, wenn jede Kleinigkeit genau sitzt und ihren Vorstellungen entspricht. Gleichzeitig ist sie in der Lage, auch wieder loszulassen und mit ihren inneren künstlerischen Impulsen zu fließen, also ihrer Intuition zu folgen (Waage-Neptun in 8). Sie macht dieses künstlerische Potential, was noch durch die Jungfrau-Venus unterstrichen wird, zu ihrer Arbeit.

Es besteht ein Widerspruch zwischen dem Waage-Neptun, der für Auflösung und Verschmelzung in ihren Beziehungen spricht, und der Venus in der Jungfrau, die mit klarem Verstand und mit Vernunft, mit dem Willen, eine feste Bindung (8. Haus) aufzubauen, und Anpassungsfähigkeit an das Thema Partnerschaft herangeht. Auch die Steinbock-Juno, wenn auch im dynamischen 1. Haus verlangt nach Stabilität und Bodenständigkeit. Sie muss daher versuchen, ihre tiefen Sehnsüchte zu erfassen und mit ihrer erdigen Venus und Juno zur Realität werden zu lassen. Da Venus und Neptun im 8. Haus stehen, wird hier der erste Anhaltspunkt gegeben, dass Beziehungen neben der Arbeit das Hauptfeld abgeben, um sich mit ihrem Schatten, ihren inneren Abgründen zu konfrontieren, was sich in Machtspielen oder der Fähigkeit, furchtlos in diese abgespaltenen inneren Räume hinab zu steigen, äußern kann.

Da die Venus auch für Kunst steht, wird erneut gezeigt, dass es eine künstlerische Betätigung sein könnte und bei ihr auch tatsächlich ist, mit deren Hilfe sie die dunklen Seiten des Lebens und ihres Wesens erforschen und kennenlernen kann.

Damit die Venus in 8, die auch für intensive, leidenschaftliche und Ausschließlichkeit fordernde Beziehungen steht, sich voll entfalten kann, muss Catherine Deneuve sich eine sichere innere Basis verschaffen, ihr genussfreudiges und sicherheitsorientiertes inneres Kind befriedigen und heilen, sich ggf. Wohneigentum zulegen und sich sichere emotionale Verbindungen aufbauen (Stier in 4) sowie sich für ihr Potenzial zu erfüllenden Beziehungen (Waage in 9 mit Sonne und Merkur, also auch die Entwicklung dieser beiden Planeten ist Voraussetzung) öffnen. Das Quadrat der eigentlich sehr stabilen Venus zu Uranus sprengt jedoch immer wieder den festen Rahmen, was sich auch im Wechsel ihrer Ehemänner niederschlug.

Der Jungfrau-Chiron in 8 lässt darauf schließen, dass diese Arbeit (oder jede Form von Tiefenanalysen) tief sitzende, im verborgenen Innersten schwelende Wunden wieder an die Oberfläche bringen kann, um von ihr durch wertfreies und mutiges Betrachten und Sezieren, durch die Wiederaufnahme in ihr Selbstbild und damit die Aussöhnung mit den dahinter stehenden Ereignissen verarztet und geheilt werden können.

Diese gesamte Basis des 8. Hauses stellt den Hintergrund für die Entfaltung des Waage-Merkurs in 9 dar. In dem Maße, in dem sie diese Gesamtheit zur Entfaltung gebracht hat, kann sich der Merkur in freundlicher, kultivierter oder auch künstlerischer Form (Waage), in ständiger geistiger Weiterentwicklung, ggf. mit Bezug zum Ausland wie auch mit Erfolg entwickeln und zur Geltung bringen (9. Haus), was ihr ja auch gelang.

Die zweite Basis, das TKZ Skorpion, befindet sich im 10. Haus. Catherine Deneuve braucht einen Beruf, dem sie sich vollkommen verschreiben kann und in dem sie - wie schon in ihrem Arbeitsbereich - mit den Schattenseiten des Lebens konfrontiert wird und auch selbst über ihre Filme die zuschauende Gesellschaft konfrontiert. Bestes Beispiel: "Belle de jour", einer ihrer Filme mit Bunuel, in dem sie eine zuerst artige Frau spielt, die sich dann mehr und mehr in den Beruf der Prostituierten einarbeitet.

Das passt sehr gut zu ihrer Gesamtpersönlichkeit der Waage-Steinbock-Frau mit hohem plutonischem Beiblatt, die sicher einerseits das Bild der schönen, kultivierten Frau in sich trägt, die klassische Werte schätzt und sehr strebsam und ehrgeizig ist, aber anderseits eben auch in Kontakt mit ihrer nicht unerheblichen dunklen Weiblichkeit gelangen und dieser, hier sehr wörtlich, eine Bühne verschaffen muss. Dieser innere Zwiespalt lässt sich gut durch die Selbstdarstellung der schönen, intelligenten Frau einerseits und dem Spielen der dunklen Seite, als Ergänzung, andererseits vereinen. Ist sie erst einmal durch die künstlerische Arbeit wieder mit diesen schwarzen Eigenschaften verbunden, kann sie sie sicher auch besser in ihrem privaten Leben, in ihrem Inneren wiederfinden und leben.

In dem Film "Die Begierde" spielt sie einen eiskalten Engel, einen weiblichen Vampir, der selbst noch beim Aussaugen des Blutes die Haltung bewahrt und ganz Lady bleibt. Sie erweckt stets den Eindruck, da sie nie die Kontrolle verlieren wird, auch wenn sie sich noch so sehr in die dunklen Gefilden des Lebens begibt. Immer bleibt sie ganz die schöne Frau, die sich und ihr Tun im Griff hat, zu kontrollieren versteht und auch von ihrem Steinbock-AC (wenn auch Wassermann in 1 eingeschlossen ist) regiert wird. Brutalität ja, Kontrollverlust oder unkultiviertes, unästhetisches Verhalten nein.

Diese prächtige Umsetzung ihres Skorpion-MC schlägt sich in dem Wirken ihres Pluto im Löwen in 7 nieder. Sie braucht zuerst ein berufliches Rückgrat, eine sichere, stabile Machtposition in ihrer beruflichen Tätigkeit, damit sie ihre Vorstellungen und ihre Macht innerhalb von Beziehungen erfahren und aktiv leben, damit sie sich auf eine tief verändernde Verbindung einlassen kann. Ansonsten kann sie auch diesen Pluto durch eine kreative (Löwe), künstlerische (7. Haus) Betätigung besetzen und damit eine ganze Menge dunkler Energien kanalisieren, die sie dann nicht mehr im Beziehungsleben erfahren muss bzw. dort in elevierter Form leben kann.

Die Mond/Pluto-Konjunktion verstärkt ihre plutonische Weiblichkeit und verleiht ihr die Gabe zu ausgeprägter emotionaler Tiefe und engen Gefühlsbeziehungen, die ihr alles abverlangen, ihr aber auch alles geben können, wenn sie sich auf die schwarzen Bilder in ihrem Inneren einlässt. Es taucht wieder der Gegensatz, die Kluft auf zwischen ihrem Bedürfnis nach Ästhetik, Harmonie und das Bewahren der Haltung auf der einen Seite sowie ihrer emotionalen Gewaltigkeit und Intensität, die sie eigentlich in ihre inneren Tiefen ohne jede Kontrolle hinabziehen möchte, andererseits. Dabei drängt sich erneut auf, dass sie Pluto eher in Kontrolle als in instinkthafter Leidenschaftlichkeit ohne jede Zensur lebt.

Die Mondknoten-Pluto-Konjunktion verlangt allerdings schon, dass sie ihr gesamtes Sein und Selbstbild langfristig selbst umwirft und zerstört, ihren Hang zur Unverbindlichkeit (Wassermann-Südknoten) und Selbstbezogenheit (Südknoten in 1) aufgibt und sich auf totale Beziehungen einlässt, in denen sie ihre Individualität entfaltet, Königin ist (Löwe-Nordknoten) und sich vollkommen ihren Gefühlen hingibt (Mond-Nordknoten-Konjunktion).

Dass sie lernen muss und wird, über Beziehungen mit ihrer Urweiblichkeit in Kontakt zu gelangen, wird zudem durch die Position Liliths in 7 aufgezeigt.

Noch ein Wort zum Thema

TRANSFORMATION

Der alchemistische Vorgang, aus Blei Gold, also in Bezug zum menschlichen Wesen, aus so genannten niederen Umsetzungen und dunklen Seiten edlere Manifestationen und lichtere Seiten zu machen, wird dem Planeten Pluto zugeordnet. Die einfachste Methode, dies zu bewerkstelligen, besteht neben ständiger Selbstreflektion und intensiver Reintegrations(=Schatten)arbeit darin, sich ohne fixe Ziele regelmäßig der Meditation zu widmen. Egal wie diese auch aussehen mag, wird sie mit absoluter Sicherheit die kleinen Egoträume und -spielchen unterminieren und letztendlich ausmerzen. Der Weg zur Ursprünglichkeit des Seins, das da ist, ohne zu sein, und immer war, ohne dass es je angefangen hätte, wird damit frei und die künstliche Problematisierung seines Lebens und damit auch die Notwendigkeit, diese selbst geschaffenen Probleme zu lösen, nehmen immer weniger Raum ein.

Dies nicht etwa deshalb, weil plötzlich alles nur noch fröhlich und lustig ist, sondern weil die Wahrnehmung aller Geschehnisse des Lebens wie auch der darin enthaltenen Tode sich ändert. Man hängt einfach nicht mehr fest, sondern fließt mit dem, was ist, ohne es zu werten. Der Vorgang und Zustand der Meditation ist Neptun zuzuordnen, so dass in seinem Band diesem Thema genügend Platz gewidmet ist, ebenso wie schon in den Bänden davor eine allgemeine Zuordnungen von Meditationen zu den Planetenkräften stattgefunden hat und zudem das ausführliche Sonderheft „Astrologie und innere Wandlung" genügend Auskunft über das Thema gibt.

Da Pluto in erster Linie Repräsentant der Schattenarbeit ist, war es mir in diesem Heft erst einmal wichtig, diese anzuregen und sich mit seinen verdrängten, weniger gern gesehenen Seiten wieder zu vereinen. Allein diese Öffnung für seine eingekerkerten inneren Wesensanteile stellt für mich die Voraussetzung und Möglichkeit für eine Transformation dar, die nie angestrebt werden sollte, da immer, wenn man eine idealisierte, schöner anmutende Umsetzungsart vor die innere Realität stellt, diese derzeitige Realität nie wirklich von ganzem Herzen betrachtet und angenommen werden kann - ein Muss, um ein ganzer Mensch und damit heil zu werden.

Gehen Sie daher vollkommen in die schwarze Seite Ihres Wesens hinein, lassen Sie sich fallen und Sie können sich darauf verlassen, dass aus dieser echten Verbindung mit allem Abgetrennten ganz automatisch eine Veränderung passieren wird. Mit absoluter Sicherheit. Und es ist genauso sicher, dass die leiseste Ablehnung einer inneren Gestalt diese sehr machtvoll werden lassen wird. Daher gilt es, wenn Sie selbst die Macht über Ihr Wesen haben wollen, dass Sie dieses völlig ohne jede Wertung und

Einmischung, ohne Unterscheidung erfahren und alle Anteile gleichberechtigt in Ihr (Selbst-)Bewusstsein aufnehmen sollten.

Der Rest kommt von alle. Wie von selbst werden Sie von dieser Reise in Ihre Schattenwelt wieder auftauchen, ja richtiggehend wieder nach oben katapultiert werden, sofern Sie keine noch so kleine Station unterwegs ausgelassen und gemieden haben.

Jedes Streben ins Licht verwehrt diesen Zugang nach oben, wenn Sie nicht vorher Tiefenarbeit geleistet haben. Und jeder intensive, ernst gemeinte Gang in Ihre Abgründe bietet Ihnen irgendwann, wenn Sie gar nicht damit rechnen, den Flug in eine lichte Dimension, die Sie sich gar nicht vorstellen können.

Insgesamt sollte nicht vergessen werden, dass die Welt - und damit auch Sie als kleines Abbild von ihr - schon immer aus beiden Seiten bestanden hat, der dunklen und der hellen. Somit ist nicht die Frage, wie ich irgendwann den dunklen Anteil eliminieren kann - denn das ist unmöglich -, sondern wie ich mit dem Phänomen dieser Dualität umgehe, nachdem ich es in beiden Richtungen, in aller Totalität und vollem Engagement ausgelotet, erfahren und als verschiedene Persönlichkeitsanteile wertfrei aufgenommen habe.

Erst dann habe ich stets und in jeder Sekunde meines Daseins die Wahl, ob ich auf diese Vorstellung der Dualität anspringe, mich also jedes Mal wieder einfangen lasse von den Geschehnissen des Lebens oder diesen in vollkommener Aufmerksamkeit und Konzentration auf den jetzigen Moment, ohne deshalb je meine Ge-lassen(!)heit zu verlieren, begegne. Bin ich Opfer meiner Gewohnheit, ewig an Erfahrungen und Eindrücken zu haften, obwohl sie mit dem jetzigen Moment gar nichts mehr zu tun haben, oder wage ich es, in jedem Moment zu sterben und neugeboren zu werden, also jeden Augenblick mit neuen

Augen wahrzunehmen und zu erleben, ohne nach ihm zu greifen und an ihm festzukleben?

Diese Wahl zu erkennen, ist m.E. wahre Freiheit. Der Weg dahin führt zwingend durch die Bekanntschaft seiner abgespaltenen Schattenseite, die man danach kennt, was zu innerer Weite und endloser Toleranz wie auch Liebe zu absolut allem führt. Auf dem Weg hinab ist Pluto unser Begleiter. Er ist aber auch Pate der daraus erwachsenden Fähigkeit zur Erkenntnis und realen Erfahrung des Stirb- und Werde-Prozesses in jedem Moment unseres Daseins.

Als Unterstützung für das Ankommen im Augenblick benötigt er die anderen Freunde im Planetensystem, so dass hier keine Kraft isoliert für sich betrachtet werden kann und darf: Uranus schafft den Bruch mit dem vergangenen Moment und ermutigt zum Sprung in die Ewigkeit des nächsten Augenblicks, ohne dass hier eine gerade Zeitlinie vorhanden wäre, Neptun befähigt zur Meditation, dem Weg zurück in die Ursprünglichkeit des Seins, ohne dass man sich dabei von hier wegbewegen würde, und Saturn verleiht uns die Disziplin, regelmäßig formale Meditationen zu machen.

Ein bunter Verein, in dem jeder das Beste gibt, damit wir irgendwann oder auch sofort spüren können, dass es nirgendwo hinzugehen gilt, dass schon alles vollkommen ist und dass wir tatsächlich nur hier sind, um unsere Rolle im Reigen der ständig stattfindenden Ewigkeit zu spielen, dass wir endlich wieder zu ihr werden, ohne je von ihr getrennt gewesen zu sein.

6. ANALYSEBOGEN SKORPION - PLUTO

Grundeigenschaften

Forschergeist
Intensität, Leidenschaft, Totalität
Reintegration des Verdrängten
Wandlungsprozesse
Macht und Wirkkraft

1. Basis 8. Haus

1. Welches Tierkreiszeichen steht im 8. Haus?
2. Kommt ein eingeschlossenes Zeichen im 8. Haus zur Basis hinzu?
3. Stehen Planeten im 8. Haus?
Aus welchem Haus kommen sie, d.h. welche Basis von ihnen muss entwickelt werden?
4. Wo ist das Aktionsfeld des Herrschers des 8. Hauses? D.h., wo schlägt er sich in 1. Linie nieder?
5. Welche Aspekte wirken auf ihn? D.h., mit welchen Planeten muss er zusammenarbeiten?

2. Basis Skorpion

1. In welchem Haus steht das Tierkreiszeichen Skorpion?
2. Welche Planeten stehen in diesem Haus?
3. Wo ist das Aktionsfeld der aktiven Instanz Pluto als Herrscher des TKZ Skorpion? Wo übt demnach die zweite Basis ihren stärksten Einfluss aus?

3. Weitere Unterstützungen der Plutokraft

1. Welche Planeten stehen im TKZ Skorpion?
2. Wo ist deren Basis (Herkunftshaus), die zu ihrer Stärkung aufgebaut werden muss?
3. Welche Aspekte beschreiben sie, mit welchen Planeten sind sie verbunden?

4. Aspekte des Pluto

1. Welche Planeten wirken auf ihn ein? Mit wem muss er für seine Entfaltung Kompromisse schließen?

5. Das Personar des Pluto

1. Wie sieht das eigene Horoskop Plutos aus?

6. Status quo und Prognose

1. Welche Planeten wirken zurzeit auf die Plutokraft im Horoskop ein (Transite)?
Wo steht der Solar-Pluto für dieses Jahr?
Welche wesentlichen Aspekte bestehen zwischen Solar-Pluto und Radix (Orbis 2 Grad)?
Welche wesentlichen Transite wirken auf den Solar-Pluto ein (von Transit-Jupiter bis Transit-Pluto)?
5. Wo steht der progressive Pluto zurzeit?
Bestehen Aspekte zwischen dem Radix-Horoskop und dem progressiven Pluto (Orbis 1 Grad)?
Welche wesentlichen Transite wirken auf den progressiven Pluto cin (von Transit-Jupiter bis Transit-Pluto)?

7. SKORPION-PLUTO - FRAGEBOGEN

SELBSTANALYSE

Erstellen Sie als Erstes eine Plutoanalyse für Ihr Horoskop gemäß dem Analysebogen für jedes Verwirklichungsfeld.

Eines der Grundprobleme der plutonischen Kraft ist das angstvolle Bedürfnis, sie bzw. den Bereich, in den sie einwirkt, zu kontrollieren.

Dafür gibt es zwei Möglichkeiten, die sehr wirksam aus dem Unterbewusstsein auf das Leben und besonders die Lebendigkeit des Menschen ihren Einfluss ausüben und die nach und nach erkannt und hinterfragt werden müssen, wenn man seiner tatsächlichen Echtheit, der zweiten Seite des Pluto, näherkommen möchte.

Die Vorstellungen

Wie der Name schon sagt, stehen sie vor dem Eigentlichen, vor der Echtheit. Sie sind Schutzfunktion vor der innen brodelnden Leidenschaft, vor der in jedem züngelnden Schlage, vor der stärksten Heilkraft des Menschen, aber auch dem tiefsten Schmerz der Trennung und Abspaltung.

a. Nehmen Sie sich ein Plutobereich nach dem anderen aus Ihrem Horoskop vor und versuchen Sie die festen Vorstellungen herauszufühlen, die Sie sich dafür einstmals zurechtgelegt und ausgedacht haben.
Welchen Prinzipien unterstehen die einzelnen Bereiche?
Was stellen Sie hier über alles andere, über alles, was Sie real fühlen und tatsächlich heute vielleicht viel lieber tun

würden?

b. Visualisieren Sie nun mit geschlossenen Augen und in aller Ruhe, wie jede dieser Vorstellungen und Prinzipien (entweder jede einzeln oder alle gleichzeitig, je nach Wunsch) wie Fesseln um Ihre Hände, Ihre Beine, Ihren gesamten Körper schnüren, wie Sie gefesselt und gefangen dasitzen und zusehen müssen, wie langsam die pulsierende Saftigkeit des Lebens aus Ihnen heraustropft, wie Plötzlichkeiten des Lebens an Ihnen lachend vorbeiziehen, wie alle Welt bebt vor Intensität und Leidenschaft und Sie in Ihren eigenen Fesseln eingepackt und fixiert zusehen müssen, immer weiter davon entfernt, sich zu fühlen, ihr Herz zu spüren, in Bewegung, in Lust und Lebendigkeit zu sein. Nein - Sie sind nur noch Kontrolle und Festhalten.
Begeben Sie sich ganz in dieses Gefühl hinein.

Der Pakt mit dem Teufel

Die zweite Möglichkeit scheint auf einer uralten Abmachung zu beruhen, auf einem Jahrhunderte alten Schwur, mit dem man sich einen großen plutonischen Machtvorsprung sicherte und dafür seine Seele zum Kauf vergab.

Wenn Sie sich an diesen Pakt wirklich erinnern wollen, wird er Ihnen wieder in den Sinn kommen. Entweder jetzt oder später oder eben in dem Moment, in dem die Bereitschaft dafür besteht.

a. Visualisieren Sie einfach eine Szene vor Ihrem geistigen Auge. Eine Szene, in der Sie in einem feuchten, modrigen, dunklen Gewölbe stehen, leicht fröstelnd, das nur durch den fackelnden Schein einer Kerze schwach erhellt ist.

Vor Ihnen steht er - Diabolo - persönlich, mit seinem breiten Lächeln im Gesicht, siegessicher, denn er weiß, dass er auf Ihre Machtgier, deren Befriedigung er verspricht, fest zählen kann.

Er macht Ihnen einen Vorschlag: Was er Ihnen bietet, und was er dafür von Ihnen haben will bzw. mit Ihnen tun wird, als Gegenleistung.

Welche Bilder sehen Sie?

Die Übung kann so oft wie möglich wiederholt werden, bis Sie Ihre Ergebnisse beisammen haben.

Was ist nun die Lösung aus beiden plutonischen Fallstricken?

Das ist schwer zu beantworten. Sie gehören einfach zu Pluto dazu und können daher, wie alles im Leben, das existiert und daher immer im Leben vorkommen wird, nicht abgeschnitten werden.

Es wird schon weiterbringen, sie zu erkennen, anzunehmen und zu sehen, dass man natürlich auch die Rolle des Teufels in sich selbst spielt. Es gibt keine äußeren Akteure, sondern nur die Spiegelungen der Innerlichkeit.

Das Bemühen, die einzelnen Plutobereiche mutig durch wertfreie Innenforschung und Zulassen der Leidenschaft und Tiefe zu erfahren, stellt auf jeden Fall eine wesentliche Möglichkeit dar, Pluto aktiv und bewusst zu besetzen und damit in die Arme zu schließen, zuletzt mit ihm selbst zu lachen und ihm damit den Stachel zu nehmen, da man erkennt, dass man dieser selbst ist (auf seinen Plutogebieten).

Die Kontrolle verlieren

Ein grundlegender Lernprozess in den Plutobereichen.
Begeben Sie sich in Ihre einzelnen Plutothemen hinein.
Und sehen Sie sich nun mit dem Rücken zu einer weichen und doch stabilen, rutschfesten Matte stehen, die Sie sicher auffangen wird.

Lassen Sie sich in diese Matte fallen. So oft Sie wollen und können. Sehen Sie sich immer wieder in typischen, insbesondere festhaltenden, fesselnden Situationen Ihrer Bereiche und lassen Sie sich, auch wenn noch so laute Gegenstimmen im Inneren zu hören sind, auf diese weiche Matte fallen.

Beobachten Sie genau, was passiert. Wie reagiert Ihr Körper? Wo fühlen Sie Enge und Widerstände? Wo Schmerz und andere tiefe Gefühle?
Machen Sie dieselbe Übungen entweder gleich oder zu einem anderen Zeitpunkt in Abstand zu dieser Person, die da steht und fällt. Wie nehmen Sie sie wahr? Was können Sie an ihr beobachten?

Malen Sie Ihren Pluto, so wie Sie ihn bis jetzt erfahren haben, und zwar einmal mit der rechten und einmal mit der linken Hand.
Geben Sie den Bildern jeweils einen Namen.

Wie sehen nach Ihrem Gefühl die wichtigsten verdrängten Inhalte gemäß Ihrer Plutokonstellationen aus?

Wie können Sie am besten Reintegrationsarbeit leisten und Ihre Leidenschaft und Intensität erwecken?

Wie sieht der astrologische Status quo für Ihren Pluto derzeit aus?

Weitere Fragen zur Selbstanalyse, nachdem Sie die Beziehungs- und Familienanalyse abgeschlossen haben:

Welche Ihrer Plutokonstellationen haben Sie bei den analysierten Personen A) bis C) wiedergefunden?

Welche Parallelen im Umsetzen der Plutokraft sehen Sie?

Wo haben Sie bisher insbesondere Ihr verdrängtes dunkles Potenzial auf andere projiziert (auch andere Menschen, die Ihnen einfallen, außer den drei Personen)?

Wie könnten Sie dieses wieder bewusst aktiv in Ihrem Leben Einlass finden lassen?

Welche Plutoverbindungen bestehen im Partnervergleich (Synastrie) zwischen Ihnen und Ihren Eltern?

Wie zeigt(e) sich dies?

BEZIEHUNGS- UND FAMILIENANALYSE

Beantworten Sie folgende Fragen (bitte nicht am gleichen Tag) für A) Ihre Mutter, B) Ihren Vater, C) einen wichtigen Partner in Ihrem Leben:

Erstellen Sie zuerst jeweils eine Plutoanalyse.

Welche tief verdrängten Inhalte könnten in dieser Person schlummern gemäß ihren plutonischen Konstellationen?

Was würden Sie ihnen als Möglichkeit der Reintegration vorschlagen?

Womit können diese Personen ihre Leidenschaft entfachen, also auch die Kontrolle verlieren, die Selbstbestimmung in ihrem Leben steigern und sich wandeln?

ANREGUNG ZUR STÄRKUNG DER PLUTOKRAFT

Stellen Sie sich vor, wie Sie auf einer Seite des Ufers eines Flusses stehen. Festen Fußes, ein ganzer Mann/eine ganze Frau. Denken Sie.

Je länger Sie jedoch Ihren Blick auf die gegenüberliegende Seite des Flusses richten, umso genauer nehmen Sie plötzlich Gestalten wahr, Krüppel, auf Krücken gestützt, mit schmerzverzerrten, aber doch noch hoffnungsvollen Blicken. Sie strecken Ihre Hände oder Arme nach Ihnen aus, deuten an, dass sie hier schon seit ewigen Zeiten stehen, vor sich hin vegetierend, verlassen, vergessen.

Jetzt endlich fällt Ihr Blick hinüber zu ihnen, wird Ihr Herz vielleicht endlich weicher, wird Ihr Interesse geweckt, spüren Sie plötzlich eine alte Verbundenheit zu diesen Wesen, ja, spüren auch Ihre Verantwortung, ein tiefes Mitgefühl, sich Ihnen endlich zuzuwenden, sie anzunehmen und ihnen auf Ihre Weise entgegenzukommen. Suchen Sie sich jedes Mal, wenn Sie die Übung machen, ein Wesen heraus, das Ihnen besonders auffällt oder das vielleicht besonders schwach erscheint, und nähern Sie sich ihm. Setzen Sie sich mit ihm hin und lassen Sie ihn reden oder anderweitig zum Ausdruck bringen, wofür er steht, wer er ist und was er für seine Genesung braucht, wie Sie ihn nähren und versorgen können. Und - seien Sie gespannt - welch große Kraft sich plötzlich oder irgendwann aus ihm entwickelt, wer er eigentlich ist (siehe Froschkönig).

8. LÖSUNGEN

1. Durch sehr direkte, impulsive Aktivitäten, Initiativen, Pilotprojekte; in der Sexualität, durch totales Ausleben ihres Triebes; durch jede andere Form der körperlichen Tätigkeiten, durch exzessiven Sport, durch Körperarbeit und -therapie; durch Ausleben ihrer Aggressionen und Wutanfälle in unschädlicher Weise (Kissen, Urschreie im Keller etc.).

2.a. Pluto im Löwen im 1. Haus:
durch intensive Sexualität, in der sie ihre ganz besondere Art entwickeln und zeigen, in der sie ihren königlichen, schwarzen Auftritt haben; durch unternehmerische Initiativen, in die sie sich vollkommen einbringen können, in denen sie total aufgehen, in denen sie ihre Macht und Selbstbestimmung stärken können, in denen plutonische Themen vorherrschen; durch intensives Ringen um Eigenständigkeit, um die Verwirklichung ihrer ureigenen Lebensart und Fähigkeiten; durch künstlerischen, körperlichen Selbstausdruck; durch intensive, auch die dunklen Seiten heraufbeschwörende Tanztherapie; durch selbstbewusste, kompromisslose Durchsetzung und Selbstbehauptung.

b. Pluto in der Jungfrau im 1. Haus:
Sexualität ausleben, total, aber dennoch auch mit Blick auf Gepflegtheit und Sauberkeit; sich mit Hilfe ihrer tiefenanalytischen Fähigkeiten, mit ihrer Vernunft, ihrer extremen Exaktheit, ihrem totalen Perfektionismus, mit völlig neuartigen Arbeitsmethoden durchsetzen; sich voll-

kommen in ihre Arbeit stürzen; in ihrem Arbeitsbereich kämpfen, aktiv sein, neue Initiativen starten.

c. Mars in den Zwillingen im 8. Haus:

Durch Ausdruck von neuen Ideen, von kämpferischer Gesinnung, von Durchsetzungskraft und Impulsivität in Worten, Reden, Schreiben, durch entsprechende Bücher, Artikel, Streitgespräche, durch jede Form des verbalen Austausches und der Kommunikation, durch Lektüre von Tiefenpsychologie, Brutalitäten auf allen Ebenen, insbesondere im körperlichen Bereich (Zustände im Mittelalter); Kriegsliteratur; oder selbst innerhalb dieser Thematik schreiben.

d. Mars im Wassermann in Opposition zu Pluto

Der rebellische Geist muss in eine aktive Form des Handelns, des Kämpfens, des Durchbeißens gebracht werden; aktiver Bruch mit der Vergangenheit, mit den gewohnten Lebensformen; ihre Explosivität zulassen, ihrer Spontaneität folgen; plötzlichen Eingebungen folgen und sie zur Tat werden lassen; sich mit aller Kraft in unkonventioneller Weise durchsetzen.

ÜBUNGEN B

1. Geldgier, Geiz, Macht durch Geld und Besitz erreichen und ausüben zu wollen; andere aufgrund ihrer Fähigkeit zu materiellem Reichtum und Abgrenzung dominieren und manipulieren zu wollen; alles, was sie als ihren Besitz erachtet (egal auf welcher Ebene) mit aller Gewalt festhalten zu wollen; ihrer exzessiven Genusslust zu frönen.

2.a. Pluto im Schützen im 2. Haus:
Sich Sicherheit und Geld verschaffen durch Weiterbildung, Expansion, Religion, Bewusstseinserweiterung; versuchen, soviel Geld und Besitz wie möglich zu scheffeln; in Genüssen zu schwelgen, sich verwöhnen lassen; Sinnlichkeit satt; sich den Willen nach Macht durch Bildung, Religion, Bewusstheit eingestehen und ihrer Fähigkeit, diese in Geld umzumünzen.

b. Venus in Konjunktion zu Pluto in der Waage:
Innerhalb einer Beziehung an ihre Besitz- und Geldgier herankommen; durch eine intensive, ausschließliche Partnerschaft, eine Beziehung mit exzessiver Besitzergreifung, Dominanz und Einverleibung des anderen.

c. Pluto im Löwen im 2. Haus:
Durch bewussten Aufbau von Selbstwert und Selbstbewusstsein, durch Verwirklichung ihrer Anlagen in ganz besonderer Weise; völlige Konzentration auf ihre Person, den Aufbau ihres Egos; hohe Eigenständigkeit im materiellen Bereich; unternehmerische Tätigkeiten im Bereich Sicherheit, Immobilien, Gastronomie; sich als König und Herrscher vorstellen aufgrund von Reichtum und Besitz.

ÜBUNGEN C

1. Mit dem Geist, durch Sammeln von Wissen und Information, durch regen verbalen Austausch, durch Schreiben, Lesen, Lernen.

2. Auf Geschwister und andere Verwandte, auf Nachbarn, Medien, Presse.

3. a. Pluto in den Zwillingen im 4. Haus:
Indem sie aus sich heraus schreiben, ihren Gefühlen durch
Worte Ausdruck verleihen, sie in Gedichte oder Geschichten fassen, über sie Tagebuch führen, zumindest gute Gesprächspartner dafür haben; indem sie über Innenleben,
Gefühlswelt, emotionale Psychologie lesen, lernen oder
schreiben.

b. Pluto in den Zwillingen im 10. Haus:
Durch Einbringen ihrer sprachlichen und geistigen Fähigkeiten in den Beruf, durch eine geistige, Wissen vermit-
telnde berufliche Tätigkeit; durch konzentriertes, diszipli-
niertes geistiges Arbeiten; durch ernsthafte Gespräche.

c. Pluto in den Zwillingen im Quadrat zum Mond in den
Fischen:
Durch geistige und sprachliche Fähigkeiten, die sie in
Einklang bringen müssen mit ihrer hohen Sensibilität, die
sie aber auch verknüpfen können mit ihrer Phantasie und
Intuition; dichten, malen, Gefühle (künstlerisch) in Worte
fassen.

d. Pluto im Stier im 3. Haus:
Indem sie ihr Geld mit verbalen und geistigen Fähigkeiten
und Tätigkeiten verdienen, ihre materielle Ebene durch
den Bereich der Kommunikation und des Wissens abde-
cken; indem sie ihre Gelüste in Worte fassen; indem sie
ihren Selbstwert mit Hilfe ihrer geistigen Qualitäten aufbauen und sich durch Wissen und Worte abgrenzen.

ÜBUNGEN D

1. Durch emotionale Verbindungen, durch Familie, Heimat, Wohnverhältnisse, Erholung und Regeneration, Aufnahmebereitschaft und das Vermitteln und Annehmen von Geborgenheit.

2. a. Pluto im Krebs im 5. Haus:
Mit Hilfe gefühlsmäßiger Manipulation und Dominanz den anderen beherrschen und zu seinen Untertanen machen; gewaltsam mit Familie und Kindern umgehen; seine Mutter/Frauen als Rache für die schreckliche Kindheit maltraitieren; sein Selbstbewusstsein mit Hilfe von gefühlsmäßiger Macht und der Schaffung emotionaler Abhängigkeit aufbauen.

b. Pluto im Krebs im 10. Haus:
Sich durch gefühlsmäßige Macht und Dominanz Respekt und Anerkennung, Ansehen und Autorität verschaffen; der Familiendespot mit unmenschlichen Ansprüchen und größter Strenge; berufliche Macht in einer Krebsthematik ausüben; andere gefühlsmäßig aussaugen aufgrund seiner Position der Macht und der Autorität, die man innehat.

c. Pluto in den Zwillingen im 4. Haus:
Andere durch Worte in ihrem Gefühl treffen und sie verletzten; andere emotional aussaugen, indem man sie entsprechend mit Worten traktiert und klein macht; Verstand, Geist, Wissen, Redegewandtheit dazu nutzen, tief in das Innere des anderen einzudringen und ihn zu besetzen.

d. Mond im Wassermann in Opposition zu Pluto im Löwen:
Emotionale Eiseskälte verbreiten als Zeichen seiner Indi-

vidualität und Herrschaft; innerer Kampf zwischen dem Bedürfnis nach emotionaler Distanz und dem Wunsch sich mit Haut und Haaren seiner Selbstverwirklichung zu verschreiben; gefühlsmäßige Macht als König(in) mit eiskaltem Herzen.

ÜBUNGEN E

1. Ihre ganz besonderes Wesen zu erfassen und selbstbewusst zum Ausdruck bringen; ein Unternehmen, dem sie mit all ihrer Kraft zur Verfügung steht, das sie total darstellt; jede Form der Produktivität (Werke, Kinder), Kreativität und Sexualität.

2.a. Pluto im Löwen im 3. Haus:
Durch Wissen um die Möglichkeiten zu tiefgehender Selbsterforschung; durch kompromisslose Selbstdarstellung mit Hilfe von Wort und Schrift, von Ideen und geistiger Arbeit, von Wissen und Informiertheit; durch Schreiben oder sich verbal Austauschen über die Persönlichkeit und all das, was man gerade daraus hervorbringt oder aus ihr heraus entfaltet; durch Schreiben als kreativen Akt oder Kunst; durch ein Unternehmen im Bereich Kommunikation, Wissen, Austausch.

b. Pluto im Löwen im 11. Haus:
Selbsterfahrung in der Gruppe, im Freundeskreis, in einer Gemeinschaft; durch unkonventionelle Methoden; durch schöpferischen Selbstausdruck mit Hilfe neuester Technik, Computer, Strom/Elektrizität oder vollkommen ungewöhnlichen Mitteln, new-wave-mäßig, futuristisch; ein Unternehmen in besagten Bereichen und/oder in Zusam-

menarbeit mit einem Team oder Freunden; Gruppentherapie.

c. Pluto im Löwen im Quadrat zu Mars im Stier:
Jede Form von intensiver Selbsterforschung und Selbsterfahrung unter Berücksichtigung ihres starken Dranges nach Sicherheit und Besitz, nach einem genussvollen Ausleben ihrer Sexualität.

d. Pluto im Löwen im 7. Haus:
Jede Form des kreativen, künstlerischen Selbstausdrucks, des Schaffens von Eigenständigkeit, Selbstbewusstsein und Souveränität, der Demonstration ihrer Besonderheit innerhalb einer Partnerschaft und bzgl. ihrer Attraktivität und Schönheit.

ÜBUNGEN F

1.a. Pluto in der Jungfrau im 9. Haus:
Durch jede Form der Weiterbildung, Weiterentwicklung und Expansion im Arbeitsbereich und ihren analytischen Fähigkeiten sowie in der bestmöglichen Nutzung der Lebensbedingungen; indem sie eine Arbeit finden, die ihnen Sinn und Erfüllung bedeutet; indem sie sich eine eigene Weltanschauung erarbeiten; Sinnsuche in der Arbeit und den alltäglichen Anforderungen; Arbeit, die das Bewusstsein erweitert; Arbeitsreisen.

b. Pluto in der Jungfrau im 10. Haus:
Durch eine analytische und/oder in irgendeiner Weise sauberkeitsorientierte (innen oder außen) berufliche Tätigkeit; ihren Dienst im Beruf leisten; Ordnung, Struktur und Stabilität in ihrer Arbeit entwickeln; ihr Rückgrat mit

Hilfe ihrer Arbeit aufbauen; sehr diszipliniert und leistungsorientiert arbeiten; durch eine genaue Analyse ihrer beruflichen Bedingungen und Verhaltensweisen; Gesundheitsbewusstsein zum Beruf machen.

c. Pluto in der Jungfrau im 11. Haus:
Durch eine aus der Norm ausbrechende, außergewöhnliche, sehr freiheitsbietende Arbeit, durch eine Arbeit mit Freunden oder in einem Team, einer Gruppe; durch eine Arbeit, die unregelmäßig und chaotisch ist, die sich mit neuesten Forschungen, mit Visionen, Zukunftsorientiertheit, Gemeinschaftssinn, Gleichheit, Gerechtigkeit, neuester Technik befasst.

d. Pluto im Stier im 6. Haus:
Durch eine sehr abgesicherte Arbeit, in der man genug Geld verdient, die routinemäßig ist und Genuss bereitet, im Bereich der sicheren Anlagen, Versicherungen, Immobilien, Gastronomie, Bankwesen, Wirtschaftssektor; durch Geldverdienen und sich Selbstwert verschaffen in der Arbeit, im Leisten seines Dienstes, auf dem Gesundheitssektor.

e. Mond im Schützen im Quadrat zu Pluto in der Jungfrau:
Weites Bewusstsein schaffen, Bildung aneignen, seine Erfüllung finden als Grundsteine für die innere Basis und Geborgenheit, die sich verbinden muss mit dem krampfhaften, verbissenen, zähen und kompromisslosen, Wahrheit suchenden Drang in seiner Arbeit; extrem arbeiten im Bildungsbereich und/oder der Bewusstseinserweiterung; Auslandsbezug (Wohnung im Ausland etc.) als Mitgrundlage für die Arbeit.

ÜBUNGEN G

1.a. Pluto in der Waage im 5. Haus:
Durch den Aufbau einer sehr individuellen, ihr Wesen spiegelnde Beziehung; durch die bewusste, eigenständige Gestaltung der Partnerschaft zuerst zu sich/seinen verdrängten Seiten und damit auch immer intensiver zum äußeren Partner; durch die bewusste Unterstützung zuerst seiner selbst und dann auch des Partners in der Selbstentfaltung und des Aufbaus von Selbstbewusstsein; die Partnerschaft zu seinem Werk machen.

b. Pluto in der Waage im 12. Haus:
Durch die Verwirklichung der Träume und Sehnsüchte im Beziehungsleben; durch den Aufbau einer völlig ungewöhnlichen, andersartigen Beziehung; durch die Verschmelzung und endlose Verbundenheit mit dem Partner sowie gleichzeitig die Fähigkeit, sich wieder von ihm zu lösen und im Alleinsein mit sich selbst eins zu werden (im Wechsel).

c. Pluto im Krebs im 7. Haus:
Durch eine sehr gefühlvolle, heimelige Beziehung, durch die gefühlvolle Hingabe an den Partner; durch eine hohe Empfänglichkeit innerhalb der Beziehung aber auch die Fähigkeit, sich und damit auch dem anderen Geborgenheit zu schenken; mit dem Partner zusammen wohnen und ggf. Kinder haben.

d. Pluto im Widder im 7. Haus:
Durch unkontrollierte, leidenschaftliche Sexualität in der Partnerschaft; durch neuartige Partnerschaftsformen, die man ausprobiert und aktiv umsetzt; durch ein hohes Maß an Dynamik, Kampfgeist und Durchsetzungskraft gegenüber dem Partner.

2. a. Pluto in der Waage im 2. Haus:

Dem anderen mitten in der höchsten sinnlichen Lust den garaus machen; den anderen zu seinem Besitz machen und ihm keinerlei Luft und Aktionsmöglichkeiten außerhalb der Beziehung mehr lassen; den anderen durch seine Besitzgier ersticken; den anderen zu Tode füttern (kulinarisch wie auch sexuell-sinnlich).

b. Pluto in der Waage im 10. Haus:

Den anderen in eine lebenslange Fixbindung fesseln; den anderen durch zu hohe, unmenschliche Ansprüche, mit ständiger Unzufriedenheit, weil sein Partnerschaftsengagement immer zu wenig ist, was er auch tun mag, quälen und martern; den anderen zu exzessiven Leistungen antreiben.

ÜBUNGEN H

1.a. Pluto im Skorpion im 1. Haus:

Körperliche und sexuelle Grausamkeiten und bestialische Folterbedürfnisse, Sadismen; den anderen sexuell abhängig machen. An die Oberfläche bringen: Körperarbeit, -therapie, unkontrollierter Sex, Sport mit höchsten Anforderungen, bis hin zu Grenzerfahrungen, andere körperliche extreme Anstrengungen.

b. Pluto im Skorpion im 4. Haus:

Seelische Grausamkeit und Manipulation; emotionale Erpressung ("wenn du nicht das und das tust, mag ich dich nicht mehr"); Misshandlung auf seelischer Ebene, innerhalb der Familie oder gegenüber Kindern; den anderen gefühlsmäßig aussaugen.
An die Oberfläche bringen: Arbeit mit dem inneren Kind;

Methoden der emotionalen Psychologie (malen, atmen, assoziieren, schreiben); Familienanalyse, -therapie (letztendlich der inneren Familie), Familienaufstellungen.

c. Pluto im Löwen im 8. Haus:

Durch exzessive, kompromisslose Verwirklichung seiner einmaligen Qualitäten, seiner besonderen Art des Verhaltens, seiner Eigenständigkeit, seiner kreativen Fähigkeiten, seiner Eigenart und Eigenwilligkeit, wobei man über Leichen geht; der grausame Imperator; Kaiser Nero, Caligula.

An die Oberfläche bringen: durch künstlerisches oder anderweitig kreatives Arbeiten, durch ein der Persönlichkeit entsprechendes Unternehmen; durch jede Form von Selbsterfahrung, um seine Einzigartigkeit gezielt entwickeln und ausbauen zu können, durch totales Ausleben seiner Sexualität.

d. Pluto im Skorpion im 9. Haus:

Machtmissbrauch durch Bewusstheit, Gurutum, im religiösen Bereich, als grausamer Ausbilder; Religionsfanatiker; Kreuzritter; Inquisitor.

An die Oberfläche bringen: durch Weiterbildungen und jede Form der Bewusstseinserweiterung; durch Tätigkeiten im Bildungswesen, im religiösen Bereich; durch Beschäftigung mit den Themen der Inquisition, der Ketzerfolterungen und -verbrennungen.

ÜBUNGEN I

1. Sinnsuche, eigenes Weltbild, fremde Länder, Kulturen, Religionen, Lebensphilosophien, Reisen in die inneren Weiten und Ländereien.

2.a. Pluto im Schützen im 2. Haus:
Beim Bedürfnis, durch Weisheit, Bildung, Religion, Reisen, Bewusstheit Geld zu verdienen und sich Sicherheit und Eigenwert im Leben zu verschaffen; beim Bedürfnis nach Erfüllung durch Besitz, Geld und sinnliche Freuden und Genüsse; Bewusstseinserweiterung im Bereich Selbstwert, Wertesystem, Abgrenzung; zu Geld im Ausland, durch Reisen kommen.

b. Pluto im Schützen im 11. Haus:
Sich von den üblichen Auflagen im Bildungswesen und der Religion freisprechen und eigene Wege finden und gehen, besonders zusammen mit Freunden und Gleichgesinnten, innerhalb einer Gemeinschaft; in der Mission für mehr Freiheit, Gleichheit und Gerechtigkeit; in einer bewusstseinserweiternden Gruppentherapie.

c. Pluto im Widder im 9. Haus:
(Blutiger) sehr aktiver Kämpfer für sein Weltbild, seine religiöse Überzeugung, seine Sichtweise von Bildung und Weiterentwicklung; durch neuartige Formen der Weiterentwicklung/-bildung; durch Initiativen im Bildungsbereich, zur Erweiterung des Bewusstseins, im Reisewesen, im Ausland, in Bezug auf Religion. Kämpferischer Missionar.

d. Pluto in den Zwillingen im 9. Haus:
Durch eifriges Lernen, Lesen, Schreiben, verbale Kontak-

te knüpfen, sich austauschen, Wissen ansammeln und weitergeben, sich durch diese Aktivitäten weiterbilden und weiterentwickeln; Fremdsprachen.

ÜBUNGEN J

1. Diszipliniert, ausdauernd, konzentriert, effektivitätsorientiert, geplant, sich auf das Wesentliche beschränkend, zielgerichtet.

2. a. Pluto im Steinbock im 7. Haus:
Durch eine sehr stabile, dauerhafte, problemorientierte (um daran zu wachsen und zu reifen) Beziehung; durch Übernahme von Verantwortung in der Partnerschaft; zuverlässiger, stabiler Partner sein; sich selbst Gesetz und Autorität sein in seiner Beziehung (im Gegensatz zum Ersatzgesetz der Norm und Konvention); seine Wunden der Ablehnung und Frustration bzgl. Partnerschaft fühlen, sie nicht länger von außen geheilt haben wollen, sondern sich umwenden zu sich selbst, die Aufmerksamkeit nach innen richten und sich selbst Partner sein.

b. Pluto im Steinbock im 12. Haus:
Seine Träume, Phantasien und Sehnsüchte konkretisieren, sich auf bestimmte wenige beschränken und konzentrieren und damit ihre Verwirklichung möglich machen und anstreben; durch Auflösung zu fest gewordener, erhärteter Lebensstrukturen.

c. Pluto im Löwen im 10. Haus:
Eigenständiges, berufliches Unternehmen; Selbständigkeit und Kreativität im Berufsleben; seine ganz besondere Ei-

genart durch die berufliche Tätigkeit an den Tag legen und stolz präsentieren; sich durch berufliche Leistungen ein Denkmal setzen; durch einen künstlerischen Beruf.

d. Saturn im Stier in Opposition zu Pluto im Skorpion: Kompromisslosigkeit und exzessiver Tiefgang ungeachtet dessen, was einem dabei begegnet, allerdings unter Berücksichtigung des Bedürfnisses nach Sicherheit, Stabilität und das Bewahren des Status quo; Lernen, dass das einzig Beständige im Leben der Wandel ist; bewusst Sicherheit und Wahrheit/Echtheit (d.h. tiefe Veränderungen) miteinander verbinden, abwechseln, beiden Raum geben, nicht eines unterdrücken und sich nur mit dem anderen identifizieren.

ÜBUNGEN K

1. Ausbrüche, plötzliche Anwandlungen, Spontaneität, Gemeinschaftsaktionen, Engagement für Freunde und Gleichgesinnte, für eine Gemeinschaft; Kampf für Gleichheit, Gerechtigkeit, Gleichberechtigung, Unabhängigkeit.

2.a. Pluto im Wassermann im 7. Haus:
Indem sie aus ihren zu fest gewordenen Beziehungsmustern, in Projektion: Beziehungen ausbrechen; indem sie sich eine unkonventionelle, sehr freiheitliche Partnerschaftsform zugestehen und diese leben; indem sie die übliche Zweierbeziehung durch einen großen Freundeskreis oder einen 2. Partner erweitern; indem sie den Beziehungsalltag immer wieder durch Spontanaktionen, Überraschungen, Aufregung und Abwechslung unterbre-

chen und auffrischen.

b. Pluto im Wassermann im 9. Haus:
Durch den Bruch mit der konventionellen religiösen Einstellung, Bildung und Art der Bewusstseinserweiterung; durch Gruppentherapie; durch ein Weltbild, nach dem jeder gleich ist und das Recht auf Freiheit hat; Ende der Hierarchien herstellen in der Religion (Gott und Sünder), im Bildungswesen (der kluge Lehrer, der bedürftige Schüler) im Bewusstwerdungsprozess (der äußere Guru, der Therapeut; der abhängige Schüler und Klient); durch die Entwicklung völlig neuer Konzepte im Bildungswesen oder neuer Methoden zur Bewusstseinserweiterung.

c. Pluto im Krebs im 11. Haus:
Emotional orientierte Gruppentherapie; Befreiung des inneren Kindes von alten Einschränkungen und Ängsten, ihm viel Freiraum geben, ihm Unabhängigkeit innerhalb der Gesamtpersönlichkeit schenken; Abstand zu seinen Gefühlen gewinnen; Gefühl, Fürsorge, Verständnis, Weichheit einbringen bei Freunden und in der Gemeinschaft; sich als Mutter der Umsetzung von Gleichheit und Freiheit sehen und entsprechend aktiv werden.

d. Pluto in der Jungfrau im 11. Haus:
Arbeit in der Gruppe, im Team, mit Freunden; ungewöhnliche Arbeitsmethoden entwerfen; keine geregelten Arbeitszeiten; Selbstanalyse durch die Analyse von Freunden und Bekannten, von der Gemeinschaft, der man sich verbunden fühlt; Arbeit mit neuester Technik oder in zukunftsorientierten Bereichen, mit Visionen für eine neue Zeit; seinen Dienst in der Gemeinschaft leisten.

ÜBUNGEN L

1. Durch Hilflosigkeit, Krankheit, Schwäche, oder aber die Selbstaufopferung in der Pflege und Hilfe für den anderen, in seinem Dasein als Retter andere manipulieren, dominieren und abhängig machen zu wollen.

2.a. Pluto im Stier im 12. Haus:
Durch finanzielle Absicherung und Aufbau seines Selbstwertes mit Hilfe von neptunischen Tätigkeiten, von Phantasie und unvernünftigen Betätigungen; durch sich abgrenzen mit Hilfe besagter Tätigkeiten bzw. Fähigkeiten.

b. Pluto im Löwen im 12. Haus:
Durch Aufbau seines Selbstbewusstseins mit Hilfe der Entwicklung neptunischer Eigenschaften; durch Entfaltung und Präsentation seiner neptunischen Fähigkeiten; durch kreatives Umsetzen seiner Träume; durch ein alternatives, neptunisches Unternehmen; durch Eigenständigkeit mit Hilfe bewusster Verwirklichung seiner Neptunität.

c. Pluto im Schützen im 12. Haus:
Durch eine alternative Sichtweise von Religion (All-Einheit); durch Auflösung konventioneller religiöser Sichtweisen und Bildungsansprüche; eine Ausbildung im Bereich der neptunischen Themen; seine Erfüllung in seiner nicht angepassten Seite erkennen und bewusst umsetzen.

d. Neptun im Skorpion im Sextil zu Pluto in der Jungfrau:
Auflösung zu fester Vorstellungen; Hingabe an und bereitwilliges Absinken in die verloren gegangenen Seiten in sich; Reintegration durch Umsetzen seines Andersseins -

insgesamt harmonisch verbindbar mit Selbstbestimmung und Macht durch Analyse, seine Arbeit und ein ausgeprägtes Gesundheitsbewusstsein; durch exzessives Hineinsteigern in seine Arbeit und seinen Dienst im Leben; Intensität, Echtheit und innere Wiederverbindung durch Dienen und Hingabe an eine höhere Aufgabe; ora et labora total.

ÜBER DIE AUTORIN

Beate Helm ist Heilpraktikerin und hat über 30 Jahre Erfahrung mit psychologischer Astrologie, feinstofflichen Heilweisen, Körper- und Energiearbeit und Meditation. Sie hat in ihrer Arbeit schon früh Methoden der systemischen Kurzzeittherapie und Horoskopaufstellungen eingesetzt. Ihr fundiertes Wissen hat sie in der vorliegenden Astrologie-Ausbildung strukturiert, spannend und gut verständlich zusammengefasst - für neugierige Laien und für erfahrene Astrologiebegeisterte, die ihre Methoden der astrologischen Arbeit erweitern möchten.

Weitere Publikationen im Satya-Verlag: Astrotherapie * Das Weib im Horoskop – Lilith und die Asteroiden * Astrologie und Meditation * Horoskope deuten * Das Mädchen Namenlos - Ein spirituelles Märchen * Bach-Blüten und Bewusstseinsarbeit * Kalifornische Blüten und Bewusstseinsarbeit * Bach-Blüten und kalifornische Blüten von A-Z – Kompendium * Was Sie schon immer über Astrologie wissen wollten.

Weitere Infos: www.satya-verlag.de